AF300570

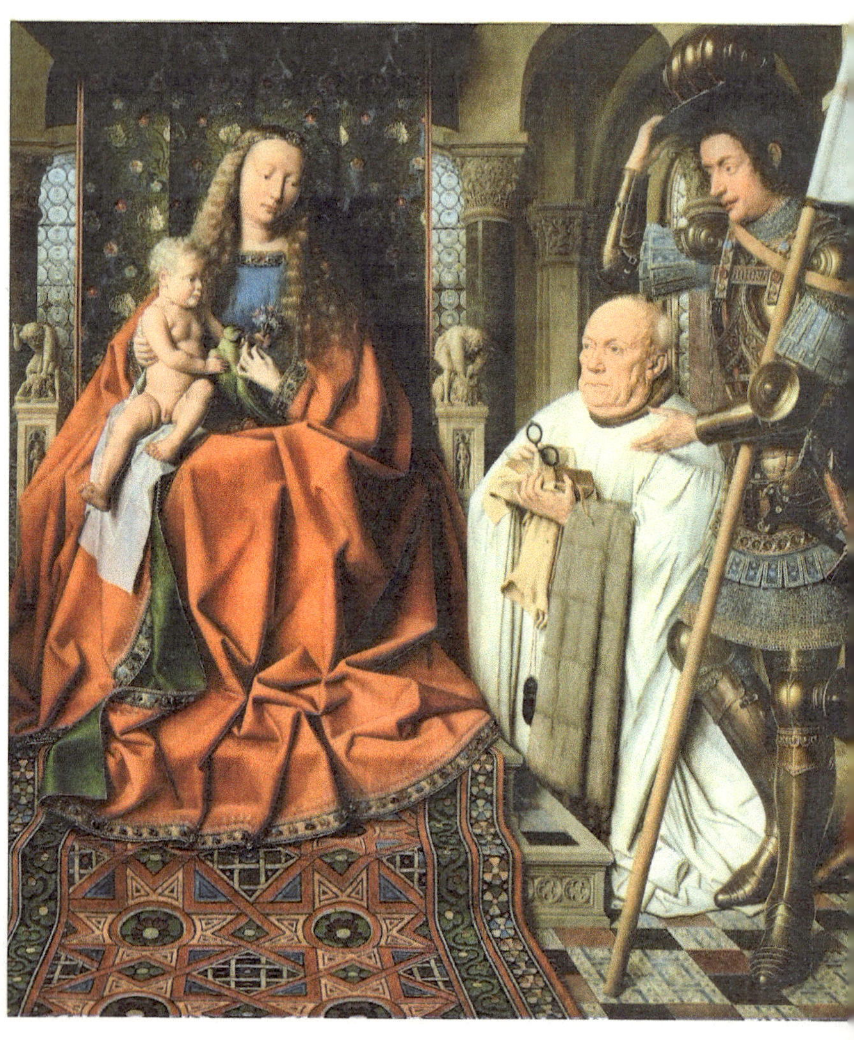

# OHNE BRILLE SIEHT MAN MEHR

## JAN VAN EYCK
## „DIE MADONNA DES KANONIKUS
## GEORG VAN DER PAELE"

Christof L. Diedrichs

⊙ **ein**blicke – Kunstgeschichte in Einzelwerken
Band 3

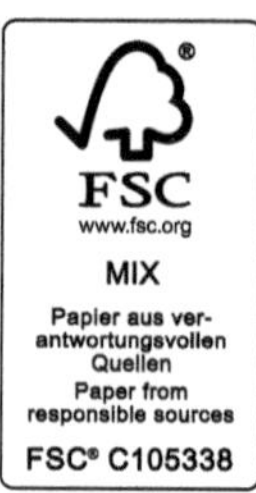

Bibliographische Information der Deutschen Nationalbibliothek:
Die Deutsche Nationalbibliothek verzeichnet diese Publikation
in der Deutschen Nationalbibliografie. Detaillierte bibliografische
Daten sind im Internet unter http://dnb.dnb.de abrufbar.



2. Auflage (05/2016)
Herstellung und Verlag:
BoD – Books on Demand, Norderstedt
Umschlaggestaltung: Kröger Kommunikation, Lünen

ISBN: 978-3-8370-5738-6

Abb. 1 (Frontispiz):
Jan van Eyck, Die Madonna des Kanonikus
Georg van der Paele (Ausschnitt),
1434–1436;
Brügge, Groeningemuseum

Bilder müssen mit soviel Überlegung
und Behutsamkeit betrachtet werden,
wie sie gemalt wurden.

„Doch über die Bilder selber hat man
sich wenig Gedanken gemacht. Man hat
sie gleichsam über den Malern und über
den Formen und Inhalten ihrer Kunst
[…] vergessen.“

Hans Belting, Spiegel der Welt. Die Erfindung
des Gemäldes in den Niederlanden, München
1994, S. 7.

*Für Silke*

# INHALT

# EINLEITUNG
## ÜBER DIE BETRACHTUNG VON KUNSTWERKEN

*Ein Kunstwerk verlangt nach einer eingehenden Betrachtung.* Dieser Satz hört sich banal an und sollte eigentlich eine Binsenweisheit sein. Tatsächlich ist in Museen und Ausstellungen eher das Gegenteil zu beobachten: Wenn die Menschen nicht durch einen *Audioguide* vor einem Kunstwerk festgehalten werden, scheint sie die Fülle dessen, was auf einem Bild zu sehen ist, eher zu entmutigen. Nach einem kurzen Blick auf das Werk selbst wenden sie sich dem Schild *neben* ihm zu, lesen Namen, Daten, historische Erläuterungen, werfen einen weiteren Blick auf das Bild – und gehen weiter zum nächsten, mit dem sie auf die gleiche, flüchtige Weise verfahren.

Was in einer solchen Situation *aus der Sicht des Kunstwerks* eigentlich nottäte, wäre nicht etwa, Hintergrundwissen über das Bild zu vermitteln, sondern wäre vielmehr eine Lenkung des Blicks des Betrachters ‚durch das Bild hindurch‘. Vor lauter beflissener Reproduktion vermeintlich wichtiger, historischer Fakten vergessen wir erfahrungsgemäß allzu häufig das Kunstwerk selbst. Wir hören einem Museumsführer zu, der Daten und Anekdoten vor uns ausbreitet. Doch *das Bild* anzusehen und zu fragen, was es uns mitteilen will, nehmen wir uns nicht die Zeit. Dieses Phänomen ist nicht allein bei Laien zu beobachten, sondern ebenso bei Fachleuten:

„Über die Bilder selbst“, so monierte der namhafte Kunsthistoriker Hans Belting schon vor gut zwei Jahrzehnten, „hat man sich wenig Gedanken gemacht. Man hat sie gleichsam über den Malern und über den Formen und Inhalten ihrer Kunst [...] vergessen.“[1]

Tatsächlich erfasst der Blick des (post-)postmodernen Betrachters, wenn er nicht gelenkt wird oder in Sekundenbruchteilen einen persönlichen Anknüpfungspunkt findet, kaum etwas vom Werk. Einer Studie aus dem Jahr 2012 zufolge verbringt ein Betrachter im Rahmen einer Ausstellung im Durchschnitt nicht mehr als elf Sekunden vor einem Bild.[2] Von diesen elf Sekunden oder drei Atemzügen nutzt er allerdings mindestens zwei Atemzüge für die Lektüre des Schilds *neben* dem Bild. Bleiben vier oder höchstens fünf Sekunden für das Bild selbst.

Wenn wir uns vor Augen halten, dass ein Maler für die Konzeption, Anfertigung und Vollendung eines Werks wie Jan van Eycks *Madonna des Kanonikus van der Paele (Abb. 1 [Frontispiz] und 2)* mehrere Monate, wenn nicht Jahre sorgfältigster Arbeit verwendet hat, dann bekommen wir vielleicht für einen Augenblick eine Ahnung von der unglaublichen Diskrepanz zwischen beiden Vorgängen – vielleicht auch von dem, was dem Betrachter alles entgeht, der verfährt, wie ich es beschrieben habe. Wie der Autor eines Texts vor seinem leeren Blatt buchstäblich über jedes einzelne Wort nachdenkt, bevor er es hinschreibt – denn keines von ihnen ist von selbst da –, so bedenkt auch der Maler eines Bilds jeden einzelnen Pinselstrich, den er tut. Kein einziger von ihnen ist schon vorhanden, wenn er die Arbeit an seinem Werk beginnt; über wirklich jeden von ihnen macht er sich Gedanken, und die Gedanken beziehen sich nicht nur auf die Frage, *ob*, sondern auch *wie* er diesen Pinselstrich setzt. Vor diesem Hintergrund erübrigt sich eigentlich die häufig zu hörende Frage, ob ein Künstler sich diesen oder jenen Gedanken gemacht habe. Schon allein aufgrund der Zeit, die er mit seinem Werk verbringt, dürfen wir davon ausgehen, dass er sich eine *Fülle* von Gedanken gemacht hat, mit einiger Sicherheit sogar wesentlich mehr, als wir aus unserer historischen Distanz und mit unseren unvollkommenen Hilfsmitteln der Analyse rekonstruieren können.

Offenbar aufgrund ganz ähnlicher Beobachtungen schrieb schon vor mehr als 150 Jahren der amerikanische Dichter Henry David Thoreau (1817–1862) – in diesem Fall nicht über Bilder, sondern über Bücher –, dass sie, wenn man ihnen einigermaßen gerecht werden will, mit eben „soviel Überlegung und Behutsamkeit" (*deliberately and reservedly*) gelesen werden müssten, wie sie geschrieben wurden.[3] Da dieser Appell vorbehaltlos auch für Kunstwerke gilt, möchte ich daraus jenes Motto ableiten, das ich über dieses Büchlein gestellt habe:

*Bilder müssen mit soviel Überlegung und Behutsamkeit betrachtet werden, wie sie gemalt wurden.*

## Ein Bild verstehen

Allerdings stellt sich die Frage, wie genau das geschehen soll. Einerseits können wir selbstverständlich nicht wochenlang vor einem Bild verharren, um jeden einzelnen Pinselstrich zu analysieren, andererseits ist es eher ungewöhnlich, über das Werkzeug zu verfügen, mit dem man sich mehr als fünf oder zehn Minuten lang mit einem Bild beschäftigen kann und dabei merklich *mehr* sehen und verstehen wird, als man es mit einem flüchtigen Blick vermag.

Außerdem steht der Betrachter im 21. Jahrhundert vor einem Dilemma: Wir sind es gewohnt, zu allem einen in erster Linie *persönlichen* Zugang zu suchen. An ein Bild stellen wir hauptsächlich Fragen wie: „Was sagt es mir?", mit Betonung auf dem Reflexivpronomen *mir*. Das macht die Beziehung des Betrachters zu einem modernen oder postmodernen Kunstwerk nun einmal aus. Kunstwerke aus der Zeit *vor* der Moderne* – um die es in diesem Büchlein hauptsächlich geht – sind jedoch nur im Ausnahmefall subjektiv und individuelle deutbar; gewöhnlich machen sie Aussagen mit ausdrücklichem Anspruch auf Objektivität, beispielsweise:

- ❖ „Christus ist am Kreuz für uns gestorben und hat uns erlöst, indem er gelitten hat wie wir."
- ❖ „Die Gottesmutter Maria hat sich in Demut dem Willen Gottes unterworfen und gab uns dadurch ein Vorbild an Gehorsam und Bescheidenheit."
- ❖ „Die Stifter Ekkehart und Uta haben sich um dieses Gebäude verdient gemacht und empfangen nun ihren Lohn im Himmel."
- ❖ „Die Schönheit hat in der Antike ihren Höhepunkt erreicht, an die unsere glorreiche Zeit [die Renaissance] wieder anknüpft; auf diesem Weg wird sie die Menschheit zur Vollendung führen."

Für den Maler eines Bilds wie des letztgenannten war ‚Schönheit' keine Frage des Geschmacks, sondern eine Kategorie, die mit objektiven Kriterien bestimmbar war. Zeitgenössische Betrachter konnten vor dem Bild darüber streiten, ob und wie sehr die Darstellung diesen in akademischen Regelbüchern festgelegten Kriterien entsprach. Betrachter im 21. Jahrhundert dagegen, für die ‚Schönheit' gerade nichts Objektives ist, diskutieren darüber, ob sie persönlich diese Frau schön finden oder nicht. Entsprechend endet eine Diskussion nicht selten mit Sätzen wie: „mir gefällt das" oder „mir sagt das nichts."

---

* Mit einem Stern gekennzeichnete Begriffe werden im Anhang (Glossar, S. 100–104) erklärt.

Dass dem so ist und dass damit die Betrachtung des Werks meist endet, liegt indessen häufig nicht zuletzt an einer gewissen Hilflosigkeit: Wir wissen schlichtweg nicht, wie wir uns einem solchen Bild *anders* als rein assoziativ und damit subjektiv nähern können. Wir sind allzu sehr festgelegt auf diesen *persönlichen* Zugang, den wir gewöhnlich auf dem Weg der Ausbildung unseres Geschmacks gewonnen haben. Schließlich ist das Ziel der Kunstbetrachtung heutzutage nicht mehr die (meist theologische) Belehrung oder die Gewinnung eines spirituellen Trosts oder mentalen Zuspruchs. Kunstbetrachtung im 21. Jahrhundert geschieht meist vor allem des ästhetischen Genusses wegen.

## Vormoderne und moderne Kunst

Nun unterscheidet sich moderne Kunst – also Kunst etwa zwischen dem späten 18. und dem ersten Drittel des 20. Jahrhunderts[4] – von *vor*moderner Kunst nicht zuletzt dadurch, dass sie genau definierte Aussagen transportieren wollte. Ihre Deutung war nicht der Entscheidungsfreiheit des Betrachters überlassen, der aus ihr herauslesen konnte, was immer er wollte. Kunstwerke aus vormoderner Zeit sind prinzipiell *nicht* offen für eine individuelle, subjektive Interpretation, sondern wollen klare Botschaften vermitteln.

Solche Botschaften sind in den allermeisten Fällen nur so weit verschlüsselt, dass die zeitgenössischen Betrachter sie ohne Schwierigkeiten verstehen konnten. Die Kunstwerke waren sogar *darauf angelegt*, dass die Botschaften *verstanden* wurden, schließlich hatte der Auftraggeber* sie aus genau diesem Grund bestellt. Michelangelos *David*[5] wollte den Sieg der Republik über die Unterdrückung durch die Medici feiern und Rubens' *Großes Jüngstes Ge-*

*richt*[6] beschwor die Macht des Papsts und damit die der Jesuiten über die Reformatoren – und die Zeitgenossen verstanden dies und reagierten entsprechend; das lässt sich beispielsweise einem Tagebucheintrag des Florentiner Chronisten Luca Landucci entnehmen, demzufolge die Figur des *David* während ihres Transports zum Palazzo della Signoria in Florenz von Mitgliedern promediceischer Familien mit Steinen beworfen wurde, da sie die Aufstellung dieses Fanals republikanischer Freiheit verhindern wollten. Während moderne Kunst sich wesentlich durch ihre Offenheit der Deutung auszeichnet, sind vormoderne Kunstwerke gerade nicht auf eine subjektive Interpretation angelegt.

Wenn wir Kunstwerke wie Michelangelos *David* oder Rubens' *Großes Jüngstes Gericht* oder auch van Eycks *Paele-Madonna* noch im 21. Jahrhundert über den ästhetischen Genuss hinaus *verstehen* wollen, benötigen wir also unzweifelhaft ein anderes Instrumentarium als jenes, das wir auf moderne Kunst anzuwenden gewohnt sind. Dieses Instrumentarium muss darauf ausgerichtet sein, von uns selbst und unseren persönlichen Seh- und Interpretationsgewohnheiten abzusehen und stattdessen konsequent jenen Fährten zu folgen, die der Künstler in seinem Werk hinterlassen hat. Wir müssen gewissermaßen in der Lage sein, die Codes zu knacken, um die chiffrierte Botschaft entschlüsseln zu können.

Indessen erfordert dieses Dechiffrieren eine besondere Behutsamkeit und Sensibilität, vergleichbar dem genauen Hinhören in einem Musikstück oder dem aufmerksamen Zuhören in einem Gespräch. Andernfalls wird der Betrachter immerzu bei sich selbst verweilen und nur das sehen, was er ohnehin schon weiß. Nur so ist im Übrigen ein Bild in der Lage, seinen Betrachter zu *überraschen* – und überraschen wollen uns die Bilder! Statt einer schlichten Nacherzählung ist ihr Ziel die Konkretisierung und Aktualisierung der biblischen, mythologischen oder historischen Geschichten für die Gegenwart des Betrachters.[7]

Die eingehende Betrachtung eines vormodernen Kunstwerks ist also im Wesentlichen nichts anderes als die sorgfältige Entschlüsselung einer kunstvoll präsentierten Botschaft.

Damit sind wir wieder bei dem schon erwähnten Instrumentarium, das für ein Verständnis dieser Botschaft nötig ist. Um dem auf die Spur zu kommen, was ein Maler dem Betrachter mit seinem Bild sagen, richtiger: zeigen will, benötigen wir eine Methode. Es ist nicht zielführend, sich bei dem Versuch der Dechiffrierung der Botschaft freier Assoziation hinzugeben und sich ausschließlich spontan von Elementen im Bild ansprechen zu lassen, die uns persönlich ‚etwas sagen‘. Selbstverständlich ist es jedem Betrachter unbenommen, sich seine eigene Meinung zu bilden und ganz eigene Schlüsse aus dem Kunstwerk zu ziehen. Doch werden diese Schlüsse nicht zwangsläufig dem entsprechen, was Auftraggeber und Künstler dem von ihnen anvisierten, zeitgenössischen Betrachter mitteilen wollten.

## Systematik der Bildbetrachtung

Das Besondere an einer solchen Methode ist nicht nur, dass sie uns dazu anhält, *schrittweise* – und nicht oberflächlich und mit ‚Siebenmeilenstiefeln‘ – vorzugehen, indem sie unseren Blick gewissermaßen ‚langsamer‘ stellt. Besonders spannend ist daran außerdem, dass uns diese Methode *Korrektive* an die Hand gibt, mit deren Hilfe wir unsere Beobachtungen *überprüfen* können. Sie bietet uns gewissermaßen die Möglichkeit, nachzufragen, ob die Schlüsse, die wir ziehen, auch wirklich zutreffen.

Und schließlich besteht der Vorteil zumindest der von uns verwendeten Methode darin, dass sie *einfach anzuwenden* ist. Es braucht dazu nichts weiter als wache Aufmerksamkeit und ein wenig Disziplin. So kann sie auch vom Nicht-Fachmann problemlos und ohne weitere Hilfsmittel genutzt werden – auch vor Ort, vor dem Originalkunstwerk.[8]

Hilfreich ist dabei die Anwendung einiger Regeln. Mit ihnen lassen sich vor allem Fehler vermeiden, die uns allzu schnell von unserem Weg abbringen und in eine Sackgasse geraten lassen.

*Regel Nr. 1*

Die allererste Regel, buchstäblich die Grundlage der gesamten Bildanalyse ist so wichtig, wie sie banal klingt; sie lautet:

*Nehmen Sie sich **Zeit** für die Bildbetrachtung* (und im Museum einen Hocker oder Stuhl)!

Je mehr Zeit Sie sich nehmen, umso tiefer werden Sie in die Geheimnisse des Bilds eindringen und umso verlässlicher werden Sie die Botschaft entschlüsseln können. Nur auf diese Weise hat ein Bild die Chance, sich Ihnen zu erschließen – was es grundsätzlich immer nur *langsam* tut.

Tatsächlich ist sehr viel mehr Zeit und Sorgfalt notwendig, um ein Bild eingehend zu betrachten, als wir es uns gewöhnlich vorstellen. Noch einmal sei daran erinnert, dass der Maler über jeden einzelnen seiner Pinselstriche nachgedacht hat. Buchstäblich jedes Detail im Bild ist Ergebnis eines ausführlichen Gedankengangs und einer wohlbegründeten Entscheidung des Künstlers.

- ❖ Dass beispielsweise auf den Kapitellen in jener Kirche, die Jan van Eyck in dem Bild des Kanonikus van
  der Paele zeigt (*Abb. 1 und 2*), figürliche Darstellungen
  zu sehen sind und
- ❖ dass auch auf den Armlehnen des Throns, auf dem die
  Madonna sitzt,
- ❖ und auf der Stola des Bischofs figürliche Darstellungen zu sehen sind;
- ❖ dass das Kind auf dem Schoß der Mutter auf einem
  weißen Tuch sitzt, das zudem eine ganz bestimmte
  Art von Falten aufweist;

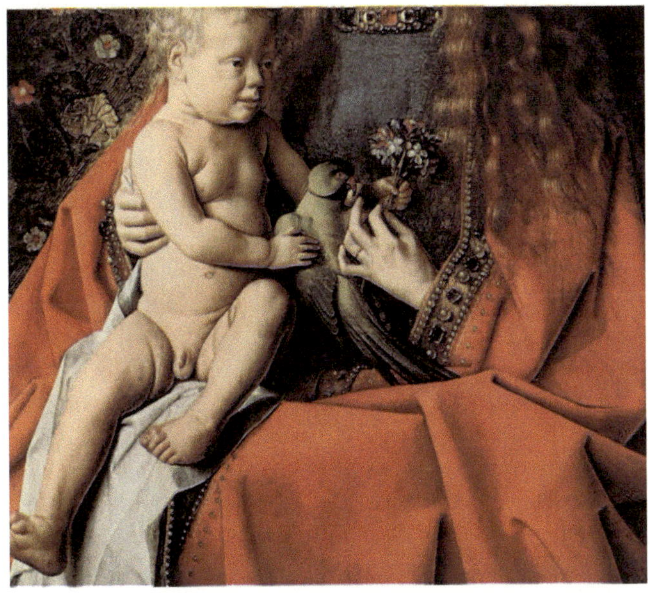

- ❖ dass es einen grünen, papageienartigen Vogel in seiner
  Hand hat, während
- ❖ es Maria einen kleinen Strauß Blumen zu reichen
  scheint – oder *empfängt* es diesen von ihr? –;

alles das und noch sehr viel mehr ist mit Sicherheit nicht zufällig dort, hat vielmehr einen konkreten Grund, der im Zusammenhang mit der Aussage des Bilds steht oder vielleicht sogar darüber hinaus weist: so wurde beispielsweise die schemenhaft wahrnehmbare Spiegelung auf einem verschatteten Stück Metall hinter dem Rücken der Kriegerfigur ganz am rechten Bildrand gelegentlich als „Selbstbildnis des Jan van Eyck" gedeutet.[9] Ob dies zutrifft oder nicht: in jedem Fall macht es die Detailliertheit des Bilds und nicht zuletzt die Lust des Malers am Versteckspiel im Bild auf eindrucksvolle Weise deutlich.

Solche Details im Zuge einer nur flüchtigen Betrachtung und Beschreibung einfach wegzulassen, geht mit Sicherheit an der sorgfältig ausgearbeiteten Absicht des Malers vorbei und ignoriert die Komplexität und Vielschichtigkeit des Bilds und seiner Aussage.

Diese Regel Nr. 1 – „nehmen Sie sich *Zeit* für die Bildbetrachtung" – ist umso wichtiger, als sie selbst von unseren Museen häufig geradezu untergraben wird. Gewöhnlich sind die Museen viel zu vollgestopft mit Kunstwerken und es gibt viel zu wenig Sitzgelegenheiten, die es dem Betrachter ermöglichen, sich in Ruhe auf ein einzelnes Werk einzulassen. Nichts lädt in vielen unserer ehrwürdigen Museen oder spektakulären Ausstellungen, die allzu häufig gerade mit der hohen Zahl an gezeigten Exponaten werben, dazu ein, vor einem Bild längere Zeit zu verweilen – außer dem Bild selbst! Aber dieses kann es nur mit leisen Tönen tun und solche sind in unserer lauten Welt leicht zu überhören, waren es im Übrigen bereits vor 200 Jahren, denn Heinrich Heine schrieb schon über die Bilder im Pariser *Salon* von 1831:

„Da standen sie nebeneinander, an die dreitausend, die hübschen Bilder, die armen Kinder der Kunst, denen die geschäftige Menge nur das Almosen eines gleichgültigen Blicks zuwarf. Mit stummen Schmerzen bettelten sie um ein bißchen Mitempfinden oder um ein Winkelchen des Herzens. Vergebens!"[10]

## Dialog mit dem Kunstwerk

Das Bild also *will* betrachtet werden, und dazu will es mit dem Betrachter in einen *Dialog* treten.

Das Schlimmste, das einem Bild geschehen kann, ist nicht etwa die fehlende Sitzgelegenheit – die kann und sollte man sich unbedingt vom Museumseingang mitbringen, wo glücklicherweise in den meisten Fällen tragbare Hocker aufbewahrt und von den Museums-Mitarbeitern gern ausgegeben werden.

Das Schlimmste, das einem Bild begegnen kann, ist vielmehr jener Betrachter, der so stolz auf seine Bildung und sein Vorwissen ist, dass er ausschließlich sieht, was er zu sehen erwartet. Der sprichwörtliche Bildungsbürger will gewöhnlich vor allem sein eigenes Wissen bestätigt sehen. Dabei sei die These gewagt, dass *kein einziges Kunstwerk von Rang* in der abendländischen Kunstgeschichte dieses will: vorhandenes Wissen bestätigen. Jedes von ihnen hat vielmehr einen *Mehrwert*, der ausdrücklich über das hinaus geht, was der Betrachter bereits weiß. Jedes dieser Bilder will etwas mitteilen, das *neu* ist, will zu einer Erkenntnis oder einem Erlebnis verhelfen, das das schon Gewusste überschreitet.

Und dazu eröffnet es einen Dialog.


Die Vorstellung eines Dialogs zwischen Kunstwerk und Betrachter, noch dazu eines vom *Kunstwerk* eröffneten, mag im ersten Augenblick befremdlich sein, doch sie gilt ohne Abstriche: Die Betrachtung eines Bilds geschieht in einem Prozess der ‚Rede‘ und ‚Gegenrede‘, in Frage und

Antwort zwischen diesem Kunstwerk und dem Betrachter.

## *Beginn des Dialogs: die Fährte finden*

Gewöhnlich beginnt der Dialog nach einem ersten Kennenlernen mit einer Irritation: Auf dem Bild ist etwas *anders*, als es der Betrachter gewohnt ist, und er merkt auf.

An dieser Stelle sprechen wir leider allzu häufig von „Fehlern": hier habe der Maler etwas ‚nicht richtig' gemacht, dies habe er ‚noch nicht gekonnt'.[11] In Wirklichkeit handelt es sich bei diesen Abweichungen vom Gewohnten um die ausdrückliche Aufforderung des Bilds an den Betrachter, genauer hinzusehen und nachzufragen. Ein Betrachter, der an dieser Stelle von einem „Fehler" spricht, ignoriert dieses Dialog-Angebot; jener aber, der stattdessen nach dem *Grund* für diese ins Auge fallende Abweichung fragt, wird vom Bild eine Antwort erhalten:

- ❖ ja, die Darstellung des gekreuzigten Jesus (*Abb. 3*) entspricht nicht dem Bericht der Bibel;
- ❖ ja, die Figur des ‚Zwölfjährigen Jesus im Tempel' (**ein***blicke 2, Abb. 4*) ist tatsächlich zu jung für einen zwölfjährigen Knaben;
- ❖ ja, das Kind auf dem Schoß Mariens ist tatsächlich zu alt, um einen Neugeborenen in der Szene der *Anbetung der Könige* darzustellen (Giovanni Battista Tiepolo, Anbetung der Könige, 1753; München, Alte Pinakothek).

Zunächst macht das Bild also nichts anderes, als die Beobachtungen des Betrachters, die Irritation und Verwunderung in ihm auslösen, zu bestätigen: Du täuschst dich nicht, du siehst das ganz richtig!

Dieser Bestätigung liegt eine genau kalkulierte Strategie zugrunde: Dies ist einer jener Punkte, an denen der Maler eine Fährte in sein Bild legt. Wichtig für die Fortsetzung des Dialogs ist es, dass der Betrachter diese Fährte wahrnimmt, und dass er ihr folgt. Der Maler hat sie *bewusst* dort hinterlassen, sie entspringt keinesfalls einem Zufall oder gar dem künstlerisch-technischen Unvermögen des Künstlers, der, wie in einem solchen Fall gern gemutmaßt wird, noch nie im Leben einen Gekreuzigten (was wahrscheinlich stimmt) oder einen zwölfjährigen Jungen (was absurd ist) gesehen habe. Künstlerisch-technisches Unvermögen – das sei an dieser Stelle mit allem Nachdruck gesagt – können wir bei den führenden Künstlern der abendländischen Kunstgeschichte, mit denen wir uns beschäftigen, getrost ausschließen! Diese Künstler haben die Grundlagen ihres Handwerks ‚von der Pike auf‘ gelernt und es beherrscht, wie es gut ausgebildeten Fachleuten bis heute eigen ist.

Und so ergibt sich an dieser Stelle unsere

*Regel Nr. 2:*

*Unterschätzen Sie niemals einen Künstler und seine technischen Fähigkeiten: ‚Fehler‘ sind in Wirklichkeit keine Fehler, sondern künstlerische Fingerzeige.*

Künstler haben sich in ihrem Leben mit Sicherheit wesentlich mehr Gedanken über Kunst gemacht als wir. Ihnen leichthin technisches oder gar künstlerisches Unvermögen zu attestieren, verkennt ihre Kompetenz und setzt die Künstler nicht selten in den Rang von Hobbymalern, statt sie als bestens ausgebildete Spezialisten zu achten.

*Fortsetzung des Dialogs: von der Beobachtung zur Deutung*

Kehren wir zurück zum Dialog mit dem Bild: Der Maler hat seine Fährte gelegt, der Betrachter hat sie gefunden, indem er seiner Irritation Raum gegeben hat und an dieser Stelle verweilt. Er weiß: Gerade diese Spur wird es sein, die am Ende zur eigentlichen Aussage des Kunstwerks führen wird.

Diese besteht indessen nicht darin, eine Geschichte, die den Betrachtern des Bilds ohnehin bereits bekannt ist, ein weiteres Mal zu erzählen. Die eigentliche Aussage wird stattdessen immer im Bereich der Aktualisierung des dargestellten Geschehens für den anvisierten Betrachter und seine eigene, historische Situation zu suchen sein. Statt über den Verlauf eines fernen, historischen Geschehens zu informieren, geht es um die Auswirkungen dieses Geschehens auf die Welt und das Schicksal des Betrachters.

❖ So wird sich im Verlauf des Dialogs beispielsweise des erwähnten Weihnachtsbilds mit zu groß geratenem Kind zeigen, dass es nicht etwa um die Darstellung jener glücklich verlaufenen Geburt in Bethlehem ging, möglichst ausgestattet mit rührseligen Details um Maria und Joseph und die Engel und die Hirten;
worum es dem Künstler stattdessen ging, war die bildliche Verdeutlichung der göttlichen Natur und der königlichen Erscheinung des menschgewordenen Gottessohns – aus theologischer Perspektive ein Geheimnis, ein ‚Mysterium‘ allerersten Rangs mit unabsehbaren Folgen für die gesamte Heilsgeschichte;

❖ auch der Maler des zwölfjährigen Jesus im Tempel (*einblicke 2, Abb. 4*) hatte keine Geschichte eines Wunderkinds im Sinn;

stattdessen wird das ‚Wunderbare' des heilsgeschichtlichen Ereignisses an der Geschichte des noch kindlichen Jesusknaben im Tempel zu Jerusalem dadurch noch gesteigert, dass er dieses Kind deutlich jünger darstellt, als es dem biblischen Bericht zufolge tatsächlich war;

❖ und die Art des Leidens des Gekreuzigten auf der Außentafel des Isenheimer Altars (*Abb. 3*) ist tatsächlich nicht der Versuch einer möglichst realistischen Rekonstruktion des Kreuzigungsgeschehens mit all seinen schauerlichen Details, wie gelegentlich zu lesen ist;

die Darstellung unterscheidet sich deswegen von den in der Bibel und auf anderen Bildern geschilderten Darstellungen, weil es in Wirklichkeit darum geht, dem Betrachter einen persönlichen Anknüpfungspunkt anzubieten und ihm Trost zu spenden durch den Hinweis, dass sein Leid eine veritable Form der Nachfolge Christi ist und dass es auf diese Weise einen Sinn und damit geradezu den Charakter einer Gnade bekommt.[12]

In all diesen Fällen ist die Dialogbereitschaft des Betrachters unumgänglich. Nur so wird er die Botschaft verstehen können, die im jeweiligen Kunstwerk liegt und die ihm niemals schon vorher bekannt ist. Grundvoraussetzung für diesen Dialog ist, dass er sich die Zeit nimmt, die ein solches Gespräch nun einmal braucht und sich nicht auf das „Almosen eines gleichgültigen Blicks"[13] beschränkt. Die Sorgfalt der Bildbetrachtung setzt dabei voraus, dass der Betrachter von seinem eigenen Vorwissen absieht und sich stattdessen zutiefst auf das Bild ein-lässt – ihm gewissermaßen aufmerksam zuhört.

*Regel Nr. 3*

Die Sache mit dem ‚Zuhören‘ ist übrigens durchaus buchstäblich gemeint. Eine weitere Regel der Bildbetrachtung, die nicht gering geschätzt werden sollte, lautet entsprechend:

*Eine Bildbeschreibung sollte laut, das heißt im gesprochenen Wort geschehen.*

In den meisten Fällen liegt es nahe, dies im Austausch mit anderen Betrachtern zu tun. Die Bildbetrachtung, die wir aus diesem Grund häufig Bild*beschreibung* nennen, kann indessen auch schriftlich geschehen. In jedem Fall sollte sie *ausformuliert* werden.

In der sorgfältigen Formulierung unserer Beobachtungen, während wir nach Begriffen suchen und die Worte wählen, denken wir über die Angemessenheit eines bestimmten Begriffs nach und sehen aus diesem Grund sehr viel genauer hin. Die Beschreibung schärft unseren Blick. Ohne die Suche nach den entsprechenden Worten nehmen wir Vieles weitgehend passiv zur Kenntnis, ohne uns darüber bewusst zu werden, geschweige denn unsere Beobachtungen einer Prüfung zu unterziehen.

Wenn wir beschreiben und damit ‚auf den Punkt zu bringen‘ versuchen, was wir sehen, überprüfen wir unsere Beobachtungen, präzisieren sie oder korrigieren sie möglicherweise sogar, weil wir uns beispielsweise nun zu fragen beginnen:

❖ Aus welchem Stoff bestehen die Kleidungsstücke eigentlich, die die Madonna und der Kanonikus van der Paele tragen (*Abb. 1 und 2*)?

❖ Ist die Kleidung des Kanonikers einfach oder prachtvoll?
❖ Und was genau hält er in seinen Händen?
❖ Worauf sitzt das Kind auf dem Schoß der Madonna?
❖ Und was sagen uns die eigenartigen Falten dieses Tuchs?
❖ Was ist das eigentlich hinter und über der Madonna?
❖ Was ist das für ein Raum, in dem sich die seltsame Szene abspielt?
❖ Und schließlich: was ist das überhaupt für eine Szene? Was geschieht hier? Wer sieht wen an? Und: tut er es *wirklich*?

Über die meisten dieser Beobachtungen machen wir uns erst dann Gedanken, wenn wir uns darum bemühen, sie in Worte zu fassen. Indem wir dies tun, merken wir, wie wir tiefer in das Bild eindringen und der Intention des Malers spürbar näher kommen. Denn jede unserer Beobachtungen, die wir mit Hilfe der Fragen konkretisieren und überprüfen, hat unmittelbare Auswirkungen auf die Deutung des Werks.

So könnte der durch die Beschreibung des erwähnten Tuchs, auf dem das Kind sitzt, in Gang gesetzte, imaginäre Dialog zwischen dem Betrachter und dem Bild folgendermaßen aussehen:

Betrachter: Was ist das für ein Tuch, auf dem das Kind sitzt?
Bild: Es ist weiß, hat Bügelfalten. Erinnert dich ein solches Tuch mit diesen Falten an etwas?
Betrachter: Es erinnert mich an ein Korporale*.
Bild: Wo liegt das Korporale normalerweise?
Betrachter: Auf dem Altar.
Bild: Und wozu dient es?
Betrachter: Darauf stehen die Patene* mit dem Brot und der Kelch mit dem Wein, die sich während der

| | |
|---|---|
| | Eucharistiefeier in den Leib und das Blut Christi verwandeln. |
| Bild: | Wenn es sich bei dem Tuch nun tatsächlich um ein Korporale handelt, welche Auswirkungen hat das dann auf die Aussage des Bilds? |
| Betrachter: | Es stellt einen Bezug her zur Feier der Eucharistie. |
| Bild: | Und wofür steht dieses Tuch dann in diesem Bild? |
| Betrachter: | Für die Realpräsenz, die tatsächliche, leibliche Gegenwart Christi im Sakrament der Eucharistie … |
| Bild: | … die im Fall des Bilds nicht nur symbolisch und damit verhüllt in Form von Brot und Wein gegenwärtig ist, sondern buchstäblich in der Gestalt des Kinds, die dem Stifter Georg van der Paele vor Augen tritt. |

Der Dialog des Betrachters mit dem Bild führt ihn also, sofern er den Vorgaben des Bilds folgt, von seinen Beobachtungen zur Deutung. Daher ist der Dialog so wichtig. Mit jeder Formulierung, um die wir ringen, suchen wir nach einer Fährte zur Aussage, die der Maler in das Bild hinein gelegt hat. Wir tragen Details zusammen, aus denen sich nach und nach unsere ‚Lesart' des Bilds, unser Verständnis ergeben wird.

## Zusammenfassung

Die Gewohnheiten unserer schnelllebigen Zeit und die große Zahl und dichte Hängung von Bildern in unseren Museen macht es schwierig, den Bildern jene Aufmerksamkeit zu schenken, die sie benötigen, um ihre Botschaften an die Betrachter übermitteln zu können. Anders als häufig angenommen, bestehen diese niemals in der einfachen Nacherzählung einer ohnehin bekannten Geschichte. Stattdessen leisten die Bilder eine Konkretisierung und Aktualisierung der altbekannten Geschichten für die Lebenswelt des Betrachters.

Dafür nimmt das Bild mit dem Betrachter einen Dialog auf, dessen Beginn häufig in einer Irritation besteht: ein scheinbarer Fehler wird zum ‚Störer‘, der den Betrachter zu einer Frage veranlasst. Indem das Bild Antwort gibt, hat der Dialog begonnen.

Wir wollen Jan van Eycks *Paele-Madonna* zum Anlass nehmen, um exemplarisch einen solchen Dialog aufzunehmen. Dabei wird in *diesem* Band unserer Reihe das Augenmerk vor allem auf der Bild*beschreibung* liegen (Stufe 1 unserer Methodik), während die späteren Schritte unserer Analyse kürzer ausfallen. Diese werden in nachfolgenden Bänden der Reihe mehr Raum einnehmen.

Ein Bild zu beschreiben, so hatten wir gesagt, gleicht einem Gespräch, in dem uns zunächst vor allem die Aufgabe des *Zuhörens* zukommt. Wie es in einem solchen Gespräch nicht förderlich ist, dem Gesprächspartner ständig ins Wort zu fallen und seine Sätze vorschnell zu vervollständigen, so verhält es sich auch bei der Bildbeschreibung: Hier ist Aufmerksamkeit gefragt. Es ist frappierend, wie häufig wir uns dabei erwischen können, wie wir dem Bild ‚das Wort aus dem Mund nehmen‘, statt es ‚ausreden‘ zu lassen.

Wenn wir es schaffen, dieser Versuchung zu widerstehen und das Bild wirklich zu Wort kommen zu lassen, ist diese erste Stufe unserer Analyse vielleicht der spannendste Teil unserer Beschäftigung mit dem Bild überhaupt. Mit ihr begeben wir uns auf eine Entdeckungsreise und ihr Ausgang ist nicht absehbar.

## Das Bild spricht

Bei Jan van Eycks *Paele-Madonna* handelt es sich um ein Tafelbild, das in Ölfarben auf ein Eichenholzbrett gemalt ist. Es ist querrechteckig und mit 122 x 157 cm (ohne den originalen Rahmen) für eine privat gestiftete Tafel verhältnismäßig groß. Darauf sehen wir vier (bzw. fünf) monumental wirkende Figuren und eine Fülle von Details.

Auf der Mittelachse des Bilds (*Abb. 1 [Frontispiz] und 2*) thront eine junge Frau mit langem, lockigem, goldblondem Haar, die über einem dunkelblauen Gewand einen wallenden, roten Mantel trägt. Er ist mit grünem Stoff gefüttert und an den Rändern mit goldenen, edelsteinbesetzten Borten gesäumt. Auf ihrem Schoß hält sie ein nacktes, ebenfalls blondes Kind, das aufrecht sitzt und sich, wie sie, nach links wendet. Der Thron, dessen Armlehnen aufwändig mit Steinskulpturen geschmückt sind, wird bekrönt von einem Baldachin aus grünem, reich mit Stickereien verziertem Stoff, der hinter dem Rücken der jungen Frau herabfällt. Vom vorderen Bildrand aus führt ein mit geometrischen Mustern ornamentierter Teppich die beiden Thronstufen hinauf direkt bis zum Thron. Er ist vom Bildrand leicht angeschnitten und es mag unter anderem hieran liegen, dass der Betrachter sich der Szene verhältnismäßig nahe fühlt – als würde er mit einem Fuß auf dem Teppich stehen oder unmittelbar vor ihm vor den Stufen des Throns knien. Auch die Augenhöhe entspricht dem: der Betrachter muss zur Thronenden leicht aufsehen.

Maria und das Jesuskind – um diese beiden handelt es sich bei den bisher beschriebenen Figuren – wenden sich einem älteren Herrn in einem leuchtend weißen, möglicherweise liturgischen Gewand zu, der an ihrer linken Seite vor den Stufen des Throns kniet. Er trägt einen langen, grauen Pelzstreifen über seinem linken Unterarm[14] und hält ein aufgeschlagenes, kleines Buch und eine dickrandige Bügelbrille in seinen Händen, als habe er soeben noch in dem Buch gelesen und die Brille nun abgenommen. Sein Gesicht zeigt Spuren hohen Alters und offensichtlich auch diverser Krankheiten. Der Herr wirkt zurückhaltend und im Rahmen der hohen Würdenträger, zwischen denen er kniet, verhältnismäßig bescheiden. Er hebt seinen Blick und schaut in Richtung des im Schoß der Muttergottes thronenden Jesus-Knaben.

Am rechten Bildrand steht ein Ritter in goldglänzender Rüstung, ebensolchem Harnisch, mit einem auf seinen Rücken geschnürten, kunstvoll geschmiedeten Schild[15] und einer Kreuzfahne an seiner Seite. Mit der

rechten Hand scheint er seinen eigenartigen, schnecken-
hausförmigen Helm wie zum Gruß abzunehmen, mit der
Linken weist er auf den knienden van der Paele neben
sich, den er, wie sein Blick zeigt, dem Jesuskind anempfiehlt.

Bei diesem Ritter handelt es sich den Attributen
Kreuzfahne und Rittertracht zufolge um den Heiligen
Georg, Namenspatron van der Paeles.

Am linken Bildrand steht ein Bischof mit den Insigni-
en seines Amts: Mitra, Bischofsstab – hier in Form eines
goldenen Kreuzstabs mit klarsten Bergkristallquadern als
Kreuzarme – und Bischofsring. Über einem kunstvoll
verzierten Untergewand trägt er ein blaues Pluviale* aus
schwerem Brokat, das mit Goldstreifen und Ornamenten
verziert ist und an den Rändern breite Borten mit figürlichen Darstellungen von Heiligen aufweist. Über seinem
linken Unterarm trägt er ein Manipel*, an den Händen
Handschuhe und in seiner Rechten ein kleines Wagenrad
mit fünf brennenden Kerzen.

Der Bischof ist aufgrund des Kerzenrads als der Heilige Donatian zu identifizieren, Patron der Brügger
Hauptkirche, der nach der Legende als Sohn eines römischen Heerführers in Gallien von einem Diener in einen
Fluss gestoßen und mithilfe eines hölzernen Rads mit
fünf brennenden Kerzen gerettet worden sein soll, bevor
er Bischof von Reims wurde († Ende 4. Jahrhundert).

Die eigentliche Handlung, die hier – vordergründig,
auf einer ersten Ebene – dargestellt ist, besteht darin, dass
der Heilige Georg Christus den Kanonikus Georg van
der Paele anempfiehlt; dieser habe sich, so sagt es die
Geste des Heiligen und so belegt es die Inschrift auf dem
Rahmen, um die Kirche in besonderer Weise verdient
gemacht. Die kleine Szene spielt sich im Sanctuarium*
einer Kirche ab. Der Thron Mariens steht am Scheitel-

punkt des Chorhaupts*, dort, wo gewöhnlich der Hauptaltar einer Kirche steht, und wird umgeben von im Halbrund stehenden, kostbaren Marmor- oder Porphyr-Säulen mit kunstvoll verzierten Kapitellen. Arkaden leiten über zu einem schmalen Chorumgang, wo ebenfalls Kapitelle mit aufwändigem Skulpturenschmuck zu erkennen sind, während die Chorumgangsfenster keine Schmuckelemente, sondern klare Butzenscheiben aufweisen.

Auffällig an dem gesamten Bild ist einerseits der Detailreichtum, andererseits der Verismus* der Materialdarstellung. Die Stoffe und Materialien werden so genau wiedergegeben, dass sie eine gleichsam haptische* Qualität bekommen. Teppich und Brokatmantel des Heiligen Donatian laden geradezu dazu ein, danach zu greifen, und selbst die unterschiedlichen Steinsorten wie das Metall der Rüstung des Heiligen Georg scheinen in ihrer Härte und Kälte unmittelbar spürbar zu sein.

Auffälligen Wert legte van Eyck nicht zuletzt auf die wirklichkeitsgetreue Darstellung von Perlen und Edelsteinen, die an zahlreichen Stellen im Bild zu sehen sind: Der rote Mantel Mariens ist an seinen Rändern ebenso von mit Perlen und Edelsteinen besetzten Borten gesäumt wie ihr blaues Untergewand. Sie trägt in ihrem blonden, lockigen Haar ein goldenes Diadem mit einer zentralen Brosche, auf der sechs kreisförmig angeordnete Perlen einen durchschimmernden Rubin umgeben. Auch Mitra und Chormantel einschließlich der großen Chormantelschließe des Heiligen Donatian sind mit meist in Reihen angeordneten Perlen- und Edelstein-Bordüren überreich verziert. Das Kreuz, das den Stab in seiner linken Hand bekrönt, trägt an seinen Armen, wie erwähnt, klare Bergkristallblöcke und ist darüber hinaus mit blaugründigen Steinen oder Email-Ovalen verziert.

Schließlich fällt die Detailgenauigkeit des figürlichen Skulpturenschmucks auf, der an den Armlehnen des Marienthrons, an den Kapitellen der Umgangssäulen und -pilaster* und an anderen, unauffälligeren Stellen zu sehen ist. So werden die Armlehnen bekrönt von den kunstvoll in Stein gehauenen Figurengruppen des *Brudermords Kains an Abel*[16] auf der linken und von *Simson mit dem Löwen*[17] auf der rechten Lehne. Unterhalb dieser Skulpturengruppen sind in mit gotischem Maßwerk* geschmückten Nischen kleine Figuren von Adam (links) und Eva angebracht, letztere mit einem Apfel in ihrer Hand.

Die Kapitelle stellen, so weit sie erkennbar sind, Szenen aus dem Alten Testament dar, die, wie auch die bereits genannten Skulpturen, als Präfigurationen, also als Vorausdeutung des Alten auf das Neue Testament dienen (Fachbegriff: Typologie*). Dazu zählen unter anderem das so genannte Isaak-Opfer[18] und – vielleicht – das Zusammentreffen Abrahams und Melchisedeks.[19] Auf diese Weise wird die Erfüllung der Prophezeiungen des Alten im Geschehen des Neuen Bunds verdeutlicht und damit die Tatsache, dass es sich bei Jesus tatsächlich um den Messias, den Sohn Gottes, handelt, mit dem die Welt enden und die Endzeit beginnen wird.

Der Skulpturenschmuck hat einerseits die Sünde und das daraus entspringende Leid des Menschen zum Thema, das dem theologischen Verständnis des Mittelalters und der Frühen Neuzeit zufolge mit dem Sündenfall Adams und Evas in die Welt gekommen ist und seither das Leben der Menschen auf Erden prägt. Erst durch das Opfer Christi am Kreuz ist dem Menschen die Erlösung geschenkt, die durch den Schluss des ‚Neuen Bunds' in der Einsetzung der Eucharistie besiegelt wurde. Eben dies ist das andere Thema des Skulpturenschmucks, auf das unter anderem mit den Geschichten von der *Begeg-*

*nung Abra[ha]ms und Melchisedeks* und des *Isaak-Opfers* hingedeutet wird. Christus thront auf dem Schoß Mariens. Aufgrund ihrer Jungfräulichkeit ist er von der Erbsünde frei. Seine Nacktheit steht für den paradiesischen Zustand des Menschen *vor* dem verbotenen Kosten vom Baum der Erkenntnis, das ihn erst dazu veranlasste, sich seiner Nacktheit zu schämen.[20] Durch den Skulpturenschmuck wird er als der mächtige Überwinder des Bösen, als der Erlöser gedeutet, der die Menschen vom Joch der Sünde befreit und in den paradiesischen Zustand der Reinheit und der unmittelbaren Gottesschau zurückführen wird.

## Der Künstler spricht

So weit das *Was* der Darstellung[21] und ein Einblick in einige seiner theologischen Bezüge.

Was wir bis zu diesem Punkt beschrieben haben, ist gewissermaßen das Inventar an Personen und Gegenständen, das van Eyck in seinem Bild dargestellt hat. Gewöhnlich beschränkt sich eine Beschreibung auf diesen Aspekt eines Bilds. Gewiss klingt er wie eine vollständige Deutung. Dabei ist dieser Aspekt, da Personen, Gegenstände und Bezüge an vielen anderen Kunstwerken in ganz ähnlicher Weise zu sehen sind und außerdem in theologischen Traktaten und geistlichen Schriften über ihn zu lesen ist, wenig spezifisch. Strenggenommen kommen wir, um ihn zu verstehen, sogar ohne einen vertieften Blick auf das Bild aus. Zudem leistet diese Art der Beschreibung keineswegs das, was wir weiter oben als Kennzeichen der Kunst dieser Zeit bezeichnet hatten: eine *Konkretisierung* und *Aktualisierung* des biblischen bzw. heilsgeschichtlichen Geschehens, das hier vordergründig dargestellt ist, für die Zeit des Betrachters. Das aber wäre die *eigentliche* Deutung des Bilds, während wir bisher an seiner Oberfläche hängengeblieben sind.

Tatsächlich gibt es nur einen Weg, um dem Bild zu seinem ganz eigenen, individuellen Recht zu verhelfen und es aus dem Gefängnis des Unspezifischen und des immer schon Gewussten eines theologischen Traktats oder einer entsprechenden Vorbildung zu befreien: Wir müssen nach dem *Besonderen* fragen, nach dem, was der Künstler auf diesem – und *nur* auf diesem – Kunstwerk mit den ihm eigenen, und das heißt *künstlerischen* Mitteln ausdrückt. Wir müssen uns, mit einem Wort, von der Vorstellung befreien, dass uns schon bekannt sein könnte, was der Künstler mit diesem Bild sagen will.

Mit dem spezifisch Künstlerischen aber, mit dem sich ein Künstler ausdrücken kann, ist nicht mehr das *Was* gemeint, das, wie wir gesehen haben, prinzipiell austauschbar ist. Nun ist das Individuelle, das Einmalige dieses Kunstwerks gemeint, also das *Wie* der Darstellung: *Wie* ist dieses und jenes, das uns auf den ersten Blick so bekannt erscheint, dargestellt und was geschieht auf diese Weise mit seiner Bedeutung – was ist also *anders*? Denn durch das *Wie* der Darstellung geht der Künstler in entscheidender Weise über das bloße *Was* hinaus. Es ist ein Unterschied für die Deutung eines Bilds,

❖ ob der gekreuzigte Christus leidend oder triumphierend dargestellt ist (*Abb. 3*),

❖ ob seine Wunden dem Bericht der Bibel entsprechen oder nicht (*Abb. 3*),

❖ ob Christus im Schoß der Mutter mit oder ohne Tuch in Form eines Korporales sitzt (*Abb. 1 und 2*).

Das *Wie* der Darstellung verändert in signifikanter Weise die Bedeutung des Dargestellten.

Vor dem Hintergrund des im vorhergehenden Kapitel Gesagten wird verständlich, warum sich ein Maler vor und während der Ausführung seines Werks über jeden einzelnen Pinselstrich Gedanken machen muss. Schließlich geht es dabei nicht allein darum, *ob* er diesen Pinselstrich setzt, sondern auch, *wie*, denn dieses *Wie* wird zwangsweise Konsequenzen für die eigentliche Aussage des Bilds haben.

Dieses *Wie* der Darstellung bezeichnen wir als ‚Künstlerische Mittel'. Sie sind, um das noch einmal deutlich zu sagen, nicht etwa Marotte oder Spleen des Künstlers und als solche Ausdruck seiner Eitelkeit. Vielmehr sind sie neben den ikonographischen* Elementen das *eigentliche* Zeichenrepertoire, die eigentliche ‚Sprache', mit der der Maler die angestrebte Bildaussage präzisiert. Mit ihnen lenkt er den Blick des Betrachters auf jene Aspekte des Bilds, die für die eigentliche Aussage wichtig sind.

Wenn der Künstler beispielsweise eine Figur kompositorisch ganz ins Zentrum des Bilds rückt und sie zusätzlich voll ins Licht setzt, kommt ihr *optisch und folglich auch von ihrer Bedeutung her* eine andere Rolle zu, als wenn sie am Rand und im Dunkeln sitzend der Aufmerksamkeit des Betrachters eher entzogen ist. Mittelalterliche Maler stellten eine wichtige Person ganz einfach größer dar als andere – nicht weil sie es nicht besser konnten, sondern weil dies ein gängiges künstlerisches Mittel zur Hierarchisierung der dargestellten Figuren war. In der Renaissance steht eine solche Figur eher im Zentrum von Komposition und Perspektive*, während es im Barock vor allem die Lichtführung ist, die sie künstlerisch herausarbeitet. So hat jede Epoche ihre eigenen künstlerischen Mittel, die sie entwickelt und kultiviert, bevor sie von anderen abgelöst werden. Innerhalb der Geschichte der Kunst sind es sogar *gerade* die künstlerischen Mittel – wir nennen sie auch ‚Stilmerkmale' –, die die einzelnen Epochen kennzeichnen, die also als spezifische Merkmale die Epochen unterscheidbar machen.

Wenn diese künstlerischen Mittel oder Stilmerkmale also das *eigentliche* Zeichenrepertoire sind, mit dessen Hilfe der Maler die angestrebte Bildaussage präzisiert, so lohnt es, über die Beschreibung des *Was* der Darstellung hinaus diese Mittel genauer in den Blick zu nehmen. Denn es gibt von ihnen nicht nur eine überraschend große Zahl, sie sind es auch, die uns wie Fährten durch das Bild hindurch zur eigentlichen Aussage des Kunstwerks führen werden.

Wenden wir uns also einem zweiten Durchgang der Beschreibung der *Paele-Madonna* zu, diesmal aber mit einem anderen Augenmerk, unter anderen Gesichtspunkten: denen der künstlerischen Mittel.

## Format, Größe, Technik und Material

Format, Größe, Technik und Material des Bilds sind ebenso in die Wahl des Künstlers gestellt und damit Möglichkeiten des künstlerischen Ausdrucks, wie es Farbgebung, Lichtführung, Perspektive und Wirklichkeitstreue der Darstellung sind, selbst wenn sie im Fall vormoderner Kunst zumindest im Allgemeinen vom Auftraggeber vorgegeben wurden.

### *Format und Größe*

Die *Paele-Madonna* ist mit dem originalen Rahmen 176,5 cm breit und bei 141 cm Höhe querrechteckig. Ein solches Querformat fördert im Gegensatz zum spannungsvolleren Hochformat eine Wirkung der Ruhe, während es zugleich theoretisch eine ausführlichere Erzählung begünstigen würde. Diese Möglichkeit nutzt van Eyck jedoch nicht. Kleine Elemente wie Blickkontakte, die aktive Zeige-Geste des Heiligen Georg und die Tatsache, dass Jesus im Schoß der Muttergottes etwas zu *tun* scheint, fördert jedoch die Annahme, dass es bei aller Ruhe eine gewisse Handlung oder zumindest Interaktion gibt.

Die beeindruckende Größe – die Tafel ist nach dem *Genter Altar*[22] das flächenmäßig größte Werk van Eycks – bezeugt, dass sie für einen öffentlichen, nicht für einen privaten Raum bestimmt war. Tatsächlich scheint sie in der Brügger Kollegiatskirche St. Donatian in der Nähe jenes Orts angebracht gewesen zu sein, an dem Georg van der Paele 1443 bestattet wurde. Wenn dem so war, was bisher allerdings nicht verlässlich zu belegen ist, hat sie vermutlich zwei Funktionen miteinander verbunden: die eines Altarbilds und die einer Vertretung für den Kanoniker während des Stundengebets; denn seit September 1434 war van der Paele wegen seiner schweren Krankheit vom Stundengebet dispensiert. Nach seinem Tod 1443 wandelte sich diese Stellvertreterfunktion in die Memorialfunktion eines Epitaphs*. Daher liegt die Annahme nahe, dass die Tafel auf oder nahe bei jenem Altar angebracht war, an dem für van der Paele noch über Jahre hinweg Seelenmessen gelesen wurden.[23]

### Technik und Material

Im Fall der *Paele-Madonna* sind Technik und Material besonders bemerkenswert, denn das Bild ist in Ölfarben auf Holz gemalt und Jan van Eyck zählt der Tradition zufolge zu den legendären Erfindern der Ölmalerei. Das ist historisch zwar nicht ganz richtig – die Technik der

Ölmalerei ist in Wirklichkeit schon einige Zeit vor dem 15. Jahrhundert entwickelt worden –, aber wem letztendlich der Erfinderlorbeer gebührt, kann in unserem Zusammenhang getrost dahingestellt bleiben. Wichtig ist, dass Jan van Eyck die Ölmalerei in so faszinierender Weise nutzte, dass sie mit ihm einen auch später nicht mehr zu überbietenden Höhepunkt erlebte.

Mithilfe dieser neuartigen Technik, bei der nun Öl als Bindemittel für die Farbpigmente genutzt wurde, waren Effekte möglich, wie man sie ohne diese Technik nicht gekannt hatte. Durch die Transparenz der Farbe, die in mehreren durchscheinenden Schichten (Fachbegriff: lasierend*) aufgetragen wurde, bekam diese eine Leuchtkraft, wie sie in der Realität von Glas, Edelsteinen, transluzidem, mit Gold unterlegtem Email und anderen durchsichtigen Materialien bekannt war. Auf diese Weise wirkten sie wie von Licht durchströmt.

Aber auch alle anderen Oberflächen wie die von Stein, Holz, Pelz, Wolle, Brokat, Seide oder Leinen, Haar, Haut, Eisen, Messing, Silber oder Gold bekommen nun einen ganz neuen, ästhetischen Reiz. Jan van Eyck beginnt, intensiv das Licht zu studieren, wie es von solchen Materialien reflektiert wird. Das Licht wird nun zum alles verbindenden Element, „durchdringt selbst die Schattenpartien", wie Norbert Wolf zutreffend schreibt, „und vermittelt so einen Luftraum zwischen den Körpern."[24] Jan van Eyck begründet damit eine Tradition der niederländischen Malerei, die ihren Höhepunkt mehr als 200 Jahre später finden wird, im so genannten Goldenen Zeitalter der Niederlande, ganz besonders in den Werken des Delfter Malers Jan Vermeer (1632–1675) und seiner Kollegen Gabriel Metsu (1629–1667) und Pieter de Hooch (1629–1684).

Die Wahl der Technik der Ölmalerei verrät also ein innerhalb der Geschichte der Kunst ganz besonderes Interesse an der äußeren Erscheinung der Phänomene in der Natur und ihrer adäquaten Darstellung im Bild. Jan van Eyck erweist sich als ein subtiler, aber äußerst hartnäckiger Beobachter, als ein Empiriker*, der alle Oberflächen mit geradezu wissenschaftlicher Akribie studiert und sie in seine Bilder möglichst genau überträgt. Im Zuge dieser Faszination wird in der Kunst überhaupt erst der Wunsch nach einer möglichst genauen Wiedergabe bzw. Nachahmung der Erscheinungen innerhalb der Natur – also nach der Mimesis* – geboren.[25]

Allerdings besteht dabei auch die latente, in der Geschichte der Kunst neuartige Gefahr, dass sich der Betrachter im Anblick des Bilds, der Darstellung der einzelnen Materialien und des Spiels des Lichts auf ihren Oberflächen, verliert. Jan van Eyck unterscheidet sie in einer Weise, dass geradezu jeder Quadratzentimeter der Bildfläche einen anderen, ebenso bezaubernden Anblick gewährt wie seine Nachbarn. Der Betrachter wird dazu verleitet, das weiche Gewebe des Teppichs und das harte, glänzende Material der Rüstung des Heiligen Georg, den Brokatmantel des Heiligen Donatian mit den in Goldstickerei ausgeführten, breiten Borten oder die zahlreichen Edelsteine und Perlen so sehr zu bewundern, dass er von der zweifellos beabsichtigten, inhaltlichen Aussage des Bilds abgelenkt werden könnte. So groß ist die Faszination der neu entdeckten, künstlerisch hergestellten Illusion!

Die kunsthistorische Forschung hat sich vor dieser Faszination des Nebensächlichen zu retten versucht, indem sie beinahe in jedem der dargestellten Materialien und Gegenstände eine ‚versteckte Symbolik‘ (*disguised symbolism*[26]) zu finden meinte, die auf mittelalterliche, theologische Traktate zurückzuführen sei. Aber die – im

Wortsinn – phänomenale Faszination der durch die Ölmalerei ermöglichten Nachahmung der Wirklichkeit blieb
trotzdem eines der unverwechselbaren Kennzeichen
frühniederländischer Malerei, die ihren Reiz auch ohne
Kenntnis der *Summa Theologiae* des Thomas von Aquin
(1225–1274) behielten. Sie wirkt bis heute und wird auch
bei den Zeitgenossen van Eycks entsprechend gewirkt
haben.

## Bildausschnitt

Auch der Bildausschnitt ist der Wahl des Künstlers an-
heimgestellt und zählt daher zu den künstlerischen Mitteln, wird bei der Analyse aber meist außer Acht gelassen.
Im Fall der *Paele-Madonna* sind wir aufgrund der keineswegs selbstverständlichen Tatsache, dass sich der origina-
le Rahmen erhalten hat, in der glücklichen Situation, dass
das Bild bis heute genau jenen Ausschnitt zeigt, den der
Künstler gewählt hat.

Jan van Eyck rückt mit Hilfe des Bildausschnitts den
Betrachter der *Paele-Madonna* überraschend nahe an die
dargestellte Szenerie heran. Das wird besonders deutlich
bei einem direkten Vergleich mit dem kleinen, ebenfalls von
Jan van Eyck stammenden Dresdner Altärchen (*Abb. 4*). Es
weist einen ganz ähnlichen Bildvorwurf* auf, wirkt jedoch in Bezug auf den Bildausschnitt und die damit zu-
sammenhängende Nähe des Betrachters ganz anders.

Der Ausschnitt der Tafel in Brügge (*Abb. 1 und 2*) ist so
gewählt, dass sowohl der Teppich, der vom unteren Bildrand bis auf die oberste Stufe des Throns Mariens führt,
als auch die Gewänder der beiden Heiligen vom Bildrand
angeschnitten werden. Optisch tritt keine Barriere etwa in
Form einer Stufe oder gar eines Mäuerchens zwischen
Bild und Betrachter, wie auf dem Dresdner Altärchen, wo

das Ende des Teppichs und ein betonter Streifen leeren Raums Distanz aufbauen. Der Betrachter befindet sich mit den dargestellten Personen, vor allem mit van der Paele, gemeinsam *im* Chorhaupt* dieser Kirche, unmittelbar vor den Stufen des Marienthrons. Wie der Kanonikus kniet er, denn die Augenhöhe des Betrachters entspricht genau jener des Geistlichen. Gemeinsam schauen sie zu den drei größeren Figuren auf. Es entsteht eine überraschende Intimität, die den Betrachter, ganz anders als beim Dresdner Altärchen, besonders dem knienden Stifter faszinierend nahe kommen lässt.

## Komposition

Unter Komposition versteht man den formalen Aufbau eines Bilds, die Verteilung der Massen auf der Bildfläche und ihre Beziehungen zueinander. Im Zuge dessen entstehen auf der Bildfläche mehr oder weniger auffällige Linien oder Verläufe, die sich über einen Teil oder sogar das gesamte Bild ziehen können. Häufig bleiben solche Linien, die nicht in jedem Fall als dunkler Strich in Erscheinung treten müssen, isoliert; dann können sie wie ein Pfeil oder Zeiger auf einen bestimmten Punkt des Bilds verweisen. In besonders systematisch angelegten Kompositionen können sich diese Linien zu geometrischen Formen ergänzen, beispielsweise zu einem Dreieck, einem Kreis oder einem Oval.

Die Komposition der Brügger Tafel ist verhältnismäßig einfach. Sie besteht hauptsächlich aus parallel verlaufenden Senkrechten (die Säulenschäfte) und Waagerechten (Baldachindach, Thronstufen, Teppich- und Fußbodenmuster). Auffällig ist die Isokephalie*, also die gleiche Kopfhöhe Mariens und der Heiligen, durch die sich ebenfalls eine waagerechte Linie ergibt, was umso bemerkenswerter ist, als die Muttergottes sitzt, während die Heiligen neben ihr stehen.

Die am deutlichsten prägende Linie innerhalb der Komposition ist die Mittelachse. Sie wird durch den breiten, sich zum Bildmittelpunkt hin verjüngenden Teppich und das Dach des Thronbaldachins hervorgehoben. Obwohl sich rechts und links dieser Achse unterschiedlich viele Figuren befinden, erreicht es van Eyck auf subtile Weise, die Komposition in der Symmetrie entlang der Mittelachse zu halten: Das größere Gewicht, das die beiden Figuren des Heiligen Georg und van der Paeles auf der rechten Bildhälfte gegenüber der einzelnen Gestalt des Heiligen Donatian auf der linken eigentlich haben müssten, gleicht er aus, indem er dem letzteren durch seinen ausladenden Mantel eine größere Fläche und damit mehr Gewicht zugesteht und zugleich die Muttergottes-Christus-Gruppe, optisch unterstützt durch das von links einfallende Licht, durch die leichte Drehung des Körpers Mariens und den deutlich links der Mittelachse sitzenden Knaben, unmerklich aus dieser Achse nach links verschiebt. Auf diese Weise bleibt trotz ungünstiger Voraussetzungen das symmetrische Gleichgewicht entlang der Mittelsenkrechte und damit die wohltuende Ruhe des Bilds erhalten.

Innerhalb der abendländischen Kunstgeschichte galt die Mittelachse lange Zeit als der wichtigste Ort auf der Bildfläche. Wer oder was hier positioniert wurde, war schon allein dadurch in seiner Bedeutung herausgehoben.

Eben dies tut van Eyck mit der Gestalt Mariens: Indem er sie auf der betonten Mittelachse positioniert, deutet er an, dass es sich bei ihr um die wichtigste der dargestellten, fünf Personen handelt – bei *ihr*, nicht aber bei Christus. – Wir werden noch sehen (Kapitel „Vergleiche"), dass man vom ikonographischen Standpunkt aus darüber streiten kann, ob es sich bei der *Paele-Madonna* wirklich um ein *Marien*bild handelt oder ob es nicht vielmehr als ein *Christus*bild zu sehen ist. Kompositorisch jedenfalls nimmt van Eyck eine Akzentverschiebung vor, welche die Bedeutung von der Gestalt Christi, der in der Tradition dieses Bildtyps einst die größere Rolle gespielt hat, auf die der Muttergottes verlagert. Es ist nur konsequent, dass das Auswirkungen auf die Aussage des Bilds hat.

Aus dem Raster der senkrechten und waagerechten Linien fallen nur zwei Kompositionslinien so auffällig heraus, dass in ihnen bewusste Fingerzeige gesehen werden können. Die eine zieht sich vom rechten Ellenbogen des Jesus-Knaben an seinem Unterarm entlang über eine besonders schmale, scharfkantige Falte im Mantel Mariens bis zur linken Hand und dem linken Unterarm van der Paeles; die andere, schwieriger zu erkennende Linie nimmt ihren Ausgang an der linken Ecke der oberen Thronstufe und verläuft wiederum über eine Reihe von auffälligen Falten schräg nach rechts oben erneut zum linken Unterarm van der Paeles. Beide als einzige im Bild diagonal verlaufenden Linien treffen sich also nahe den Händen van der Paeles, die Buch und Brille vor seiner Brust halten. Aus deiktischer* Sicht, also mit Blick auf die Zeigefunktion dieser Linien, verweisen beide auf die Gestalt des in leuchtendes Weiß gekleideten Kanonikers. Die Richtung der Blicke Mariens, des Jesus-Knaben und des Heiligen Donatian unterstützen noch diesen deiktischen Zug.

Setzt man diesen in eine Beziehung zur Ausrichtung der übrigen Komposition an der Mittelachse, so ergibt sich nicht allein eine Betonung *Mariens* und ihrer Rolle als

„Widerschein des ewigen Lichts, der ungetrübte Spiegel von Gottes Kraft, das Bild seiner Vollkommenheit",

„schöner als die Sonne und […] jedes Sternbild, […] strahlender als das Licht",[27]

wie es die Inschrift auf dem oberen Bildrahmen ausdrücklich formuliert. Wenn wir jenen Kompositionslinien, die das Raster der waagerechten und senkrechten Linien durchbrechen, eine deiktische, also bewusst hinweisende, eine aktive Zeigefunktion zuerkennen, müssen wir außerdem feststellen, dass der Maler auf diese Weise den Blick des Betrachters *auch* auf die Gestalt des dezentral positionierten Kanonikers van der Paele lenkt. Wenn er dies tut, muss auch ihm eine Bedeutung zukommen, die ganz offensichtlich über beispielsweise die der kompositorisch eher belanglosen Heiligenfiguren hinaus geht. In jedem Fall, daran gibt es keinen Zweifel mehr, soll der Betrachter auf die Gestalt des knienden Stifters aufmerksam gemacht werden.

## Perspektive

Wären zu der Zeit, als Jan van Eyck die *Paele-Madonna* konzipierte, die Regeln der Zentralperspektive*, die der Florentiner Architekt und Bildhauer Filippo Brunelleschi (1377–1446) kurz zuvor entwickelt hatte, in den Niederlanden bereits bekannt gewesen, so könnten wir von einer ‚zentralperspektivischen' Konstruktion des Bilds sprechen. Denn alle Linien, die in die Tiefe des dargestellten, imaginativen Raums hineinführen, scheinen sich in einem Punkt ganz im Zentrum des Bilds zu treffen.

Tatsächlich zeigen kleine Unstimmigkeiten, dass van Eyck diese Regeln nicht kannte.

Ohne ihre Kenntnis waren die Künstler darauf angewiesen, die Perspektive ihrer Werke intuitiv, aufgrund ihrer Beobachtungen in der Natur zu entwickeln. Und in beidem war Jan van Eyck ein Meister: Er hatte offensichtlich festgestellt, dass Linien, die in die Tiefe des Raums hineinführen, im Bild nicht etwa parallel verlaufen dürfen, selbst wenn sie es in der Realität tatsächlich tun. Auf der Bildtafel musste sich ihr Abstand vielmehr verringern, je weiter sie sich scheinbar vom Betrachter entfernten. Das war die Grundvoraussetzung seiner Konstruktion von Perspektive. Sie kommt bereits sehr nahe an die Regeln Brunelleschis heran und führt trotz der kleinen Unstimmigkeiten zu einer faszinierenden, weitgehend überzeugenden Raumkonstruktion.

Auch durch diese intuitive Form der Perspektive wird die Mittelachse bzw. das Zentrum des Bilds und mit diesem die Gestalt Mariens betont. Der Blick des Betrachters, der genau mittig vor dem Teppich kniet, wird durch beinahe alle in die imaginäre Tiefe des Raums führenden Linien auf die Gestalt und – vorbei an der kleinen Gestalt des Jesus-Knaben – insbesondere auf das Gesicht Mariens gelenkt, das im hellen, von links kommenden Licht erstrahlt und sich ihrerseits nach links wendet, dem Kanonikus zu.

Damit unterstützt auch die Perspektive jene Akzentverschiebung, die wir im Zusammenhang der Komposition beobachtet haben: von Christus auf Maria. Indessen *unterscheiden* sich Komposition und Perspektive dadurch, dass letztere den Blick des Betrachters nicht von Maria weiter auf den Stifter lenkt, sondern ihn auf der Gestalt der Muttergottes zur Ruhe kommen lässt.

## Lichtführung

Die Lichtführung bewirkt dagegen etwas ganz anderes. Sie setzt sich geradezu über die vornehme Zurückhaltung der zentralperspektivischen Konstruktion hinweg, verbündet sich mit der Komposition und rückt den greisen Stifter ins Zentrum der Aufmerksamkeit.

Die Lichtführung eines Gemäldes ist in der Regel abhängig von der entsprechenden Lichtquelle. Von ihr ausgehend, kann das Licht in unterschiedlicher Weise über das Bild geleitet werden und auf seinem Weg verschiedenes bewirken.

Entsprechend seiner Faszination der Wirklichkeitsbeobachtung hält sich Jan van Eyck auch im Fall der Lichtführung an die Realität: Es gibt nur eine Lichtquelle. Sie wirft ein durch die farblosen Butzenscheiben der Kirchenfenster gefiltertes, leicht diffuses Licht in den Chor der Kirche, in dem van der Paele vor dem Marienthron kniet. Wie diffus es tatsächlich ist, wird an der Tatsache deutlich, dass kaum Schatten auszumachen sind. So werfen der Stab der Kreuzfahne und das linke Bein des Heiligen Georg, die beide voll im Licht stehen, keine nennenswerten Schatten. Andererseits sind solche an verschiedenen anderen Stellen durchaus erkennbar und tragen wesentlich zur Räumlichkeit der dargestellten Figuren und Objekte bei, etwa im Rücken Mariens – selbst die Bügelfalten des Baldachins werfen Schatten –, in den tiefen Falten ihres Mantels oder an den Stufen des Throns, vor denen van der Paele wie vor einem Altar kniet.

Obwohl das Licht also eigentlich diffus ist, nutzt van Eyck es, um den Blick des Betrachters auf subtile Weise zu lenken.[28] So lässt er auf alle fünf Gesichter verhältnismäßig viel Licht fallen, ebenso wie auf den Leib Christi. Doch scheinen die Gesichter der beiden stehenden Heiligen etwas weniger beleuchtet zu werden als das Gesicht Mariens und der Körper des Knaben, die etwas voller im Licht stehen als die beiden Heiligen.

Eine ganz besondere Rolle aber spielt an dieser Stelle die Gestalt van der Paeles. Eigentlich müsste man farblich gesehen von ‚fahler Gesichtshaut' sprechen, doch wird die gesamte, in ein weißes Gewand gekleidete Gestalt so voll vom Licht getroffen, dass sie geradezu erstrahlt. Die Lichtführung, so könnte man sagen, sorgt dafür, dass nicht allein Maria und Christus in den Blick des Betrachters geraten, sondern gemeinsam mit ihnen auch und *sogar noch mehr als sie* der greise Stifter mit seinem massigen, fast runden Kopf. Denn während alle anderen das Licht von der Seite erhalten, wird er von ihm frontal getroffen und das Weiß des Gewands nimmt es in einer Weise auf, dass van der Paele deutlich aus den fünf Gestalten herausgehoben wird.[29]

## Farbigkeit

Auch die Farbigkeit des Bilds trägt zu diesem Eindruck bei.

Grundsätzlich zeichnet sich die Farbigkeit der *Paele-Madonna* durch eine sehr genau ausgearbeitete Differenzierung aus. Bei allem außer den fünf menschlichen Figuren ist sie sehr zurückhaltend. Die Farben sind gedämpft, bis auf einzelne Lichteffekte an den Fenstern eher matt. Nirgendwo finden sich starke Kontraste. Auf diese verhaltene Farbigkeit ist maßgeblich der Eindruck eines atmosphärischen Bildraums zurückzuführen, von dem schon die Rede war.

Aus dieser gedämpften Farbigkeit treten die Darstellungen der fünf Personen deutlich hervor. Anders als die Umgebung sind sie in leuchtende Farben gefasst, wobei jede von ihnen durch eine bestimmte, nur ihr eigene Farbe geprägt wird.

Die beiden Heiligen rahmen das Geschehen im Zentrum des Bilds, indem sie vollständig in eine Kombination aus Blau und Gold gefasst sind – der Hl. Donatian mit dem Blau, der Hl. Georg mit dem dunklen Gold seiner Rüstung als jeweils tonangebender Farbe. Diese Kombination begegnet im Kleid Mariens wieder, das unter dem stoffreichen Mantel die gleichen Farbtöne Blau und Gold aufweist. Damit scheint sie der gleichen Sphäre anzugehören wie die Heiligen. Andererseits hebt sie das leuchtende Rot ihres prachtvollen Mantels in herrscherlicher Pose aus dieser Gruppe ihrer Assistenzfiguren heraus und unterstützt ihre größere Bedeutung, die bereits durch die Komposition, ihre Positionierung unter dem Baldachin und andere künstlerische Mittel betont worden ist.

Zugleich zieht wiederum das leuchtende Weiß des Chormantels van der Paeles den Blick des Betrachters auf sich, das auf diese Weise farblich gleichwertig neben das leuchtende Rot des Mantels Mariens tritt. Interessanterweise findet es Korrespondenzen in dem Tuch, auf dem Jesus sitzt, und in der Kreuzfahne, die der Heilige Georg hält und die einerseits dessen Attribut ist, andererseits auf die Auferstehung Christi und damit auf die Hoffnung van der Paeles auf seine eigene Auferstehung hinweist. Allerdings ist das Weiß dieser Tücher weniger strahlend, als es der Chorrock van der Paeles ist.

Während die drei Heiligenfiguren also farblich gesehen eine eigene Sphäre bilden, zu der die Muttergottes einerseits dazugehört, aus der sie durch das königliche Rot jedoch deutlich hervorragt, sticht der Kanonikus durch das leuchtende Weiß seines Gewands mindestens ebenso heraus und bildet gewissermaßen eine eigene Sphäre, die durch die Verbindung zum Korporale auf den Opfertod und durch die Fahne in der Hand des Heiligen Georg auf die Auferstehung verweist.

## Ausdruck

Auch der Ausdruck, mit dem der Künstler die Figuren darstellt, gehört zu den künstlerischen Mitteln. Allerdings ist im Zusammenhang dieser Fragestellung bei einem Bild des frühen 15. Jahrhunderts Vorsicht geboten, denn die faszinierende Wirklichkeitsnähe der Darstellung in der Malerei der Frühen Niederländer schließt eine psychologisierende Charakterisierung der dargestellten Personen nicht ein. Das ist nicht zuletzt in den Porträts dieser Zeit zu beobachten. Von daher sind entsprechende Ausdruckswerte auch in der *Paele-Madonna* nur sehr eingeschränkt zu beobachten.

Der Kanonikus kniet vor dem Marienthron wie vor einem Altar, auf dem die Eucharistie gefeiert wird oder das Altarsakrament ausgesetzt ist, und hebt seine Augen von seinem Gebetbuch, um in die Richtung des Throns zu blicken. Auf diesem sitzt Maria und hält auf ihrem Schoß den Jesus-Knaben, der sich, wie sie, dem Kanonikus zuwendet und beiläufig mit einem grünen Papagei spielt, während er in seiner Hand einen Blumenstrauß hält, den er vielleicht der Madonna, eher aber wohl dem Kanonikus reichen möchte.

Van der Paele wird am rechten Bildrand begleitet von seinem Namenspatron, dem Heiligen Georg, der seinen Helm grußartig abnimmt und mit seiner linken Hand auf den Kanoniker weist, um ihn dem Jesus-Knaben zu empfehlen. Er hat seinen Mund leicht geöffnet, um seine Geste durch die entsprechenden Worte zu erklären. Der Heilige Donatian steht, wie es sich für eine Assistenzfigur gehört, dekorativ an der Seite Mariens und begnügt sich damit, seine Attribute in den Händen zu halten.

Keine dieser Figuren ist bei dem, was sie tut, durch einen starken, mimischen oder gestischen Ausdruck gekennzeichnet. Außer Georg mit seinem leicht geöffneten Mund und der Bewegung seiner Hände sowie dem Jesus-Knaben mit Papagei und Blumenstrauß, den er vorstreckt, begnügen sich alle dargestellten Figuren damit, in stiller Betrachtung zu schauen.

Ganz sicher ist das Gesicht des Kanonikus ein wirklichkeitsgetreues Porträt des alternden, von Krankheit und dem nahen Tod gekennzeichneten Georg van der Paele. Die Spuren von Alter und Krankheit sind so genau widergegeben, dass Mediziner aufgrund dieser Darstellung in der Lage sind, eine differenzierte Diagnose seines Gesundheitszustands zu stellen (*Abb. 5*).

Eigenartigerweise geht sein Blick nur *ungefähr* in die Richtung des Jesus-Knaben, der ihn seinerseits unmittelbar anblickt. Während Blickrichtungen und -ziele aller anderen Figuren eindeutig zu bestimmen sind, bleibt der Blick van der Paeles letztlich unbestimmt. Zu diesem Eindruck mag beitragen, dass seine Augen in unterschiedliche Richtungen weisen. Beide sind leicht nach oben gerichtet, doch sieht der Kanoniker mit dem rechten Auge nach rechts, während das linke eher geradeaus blickt. Dieses Phänomen ist auch in anderen Bildern anderer Künstler zu finden.[30] Tatsächlich hat man inzwischen herausgefunden, dass es sich bei dieser Art des Auswärtsschielens (Exophorie) nicht etwa um eine Krankheit der dargestellten Personen handelte, sondern dass es vielmehr um die Darstellung zweier Blicke oder Perspektiven, sozusagen zweier Arten des Sehens[31], geht, die in der Forschungsliteratur der ‚doppelte Blick‘ genannt werden. Auf diese Weise wird angedeutet, dass der Porträtierte zugleich in zwei unterschiedliche Realitätsebenen schaut: eine reale, äußere, und eine innere. Während er einerseits mit seinen äußeren Augen in einen realen Raum blickt, in dem er mit seinem von Krankheit gezeichneten, alternden Körper kniet und sich mit seinem Gebetbuch ins Stundengebet oder in die Verehrung der Eucharistie vertieft, hat er andererseits vor seinem inneren Auge eine Vision, die den realen Raum imaginär bevölkert, die aber nur für ihn zu sehen (zu ‚schauen‘) ist.[32] Auf dem Altar der Kirche mag der Leib Christi in Form einer Hostie auf dem Korporale stehen, der in seine Betrachtung versunkene van der Paele aber sieht ihn in Gestalt eines Knaben auf dem Schoß der Muttergottes sitzen, die unter einem Baldachin inmitten der Blumen des Paradiesgartens thront. Der Maler, der auf seinem Tafelbild *beide* Realitätsebenen darzustellen in der Lage ist – denn die Malerei vermag Unsichtbares sichtbar zu machen –, stellt diese Vision für die leiblichen Augen des Betrachters sichtbar dar und deutet sie durch die Stellung der Augen des Kanonikers an wie auch durch die abgenommene Brille, die er, statt sie auf der Nase zu haben und zum Lesen in seinem Gebetbuch zu nutzen, funktionslos in der Hand hält. Meditierend hat er den unbestimmten, doch ‚schauenden‘ Blick vom Buch erhoben, für eine Vision benötigt er weder Brille noch vorgegebenen Gebetstext.

## Betrachteransprache

Durch alle bisher genannten, künstlerischen Mittel tut der Maler im Grunde nichts anderes, als den Betrachter anzusprechen und mit ihm jenen Dialog zu führen, von dem bereits die Rede war. Künstlerische Mittel dienen dazu, den Blick des Betrachters zu lenken. Sie weisen hin, verdeutlichen, verwirren, klären. Sie sind es, die den Betrachter aus seinen Erwartungen und seiner Routine herausholen und ihn auf das Unerwartete hinweisen, das Neue, das Aktuelle.

Im Fall der *Paele-Madonna* mag das vor allem in der überraschenden, beinahe empörenden Rolle bestehen, die der greise Kanonikus innerhalb des Bilds spielt. Der Betrachter wehrt sich ganz automatisch, wenn er feststellt, dass die Aufmerksamkeit, die die Figur des Stifters einfordert, mit derjenigen konkurriert, die die Muttergottes auf sich zieht.

Auch die Zeitgenossen sahen diesen Widerspruch. Tatsächlich bewegte sich van Eyck mit seiner Darstellung nahe am Rand der Blasphemie, die allein schon darin bestand, dass der Stifter – ein lebender Mensch – in *einem* Raum und gewissermaßen im vertrauten Gespräch mit Heiligen, der Muttergottes und Christus dargestellt wurde. Doch war der Dialog zwischen Bild und Betrachter erst einmal aufgenommen, so konnte der Maler darauf verweisen, dass es im Bild *zwei Realitätsebenen* gibt, dass van der Paele also keineswegs auf die gleiche Ebene mit den Heiligen gehoben wird, wir in Wirklichkeit nichts als seine *Vision* sehen, die er während seiner frommen Versenkung in das Mysterium der Eucharistie oder in das Leben Mariens vor seinem inneren Auge hat.

Tatsächlich rückt van Eyck den Betrachter sehr nahe an den Kanonikus heran, so dass die Vision gewissermaßen zu einer gemeinsamen wird. Der Betrachter befindet sich mit van der Paele, nicht mit Maria und den Heiligen, auf Augenhöhe. Zugleich ist der alte Mann so detailliert dargestellt, dass wir jede Falte in seinem Gesicht und die Buchstaben in seinem Gebetbuch erkennen können.

Dabei kniet der Betrachter nicht *neben* dem Kanonikus. Auch wenn dieser noch zu Lebzeiten gemalt und die Tafel bereits zu dieser Zeit in der Brügger Kollegiatskirche aufgestellt worden ist, wird van der Paele durch die Gestalt des Heiligen Georg, den auffällig dominanten Stab der Kreuzfahne und nicht zuletzt durch die Stufen des Throns in einer gewissen Distanz zum Betrachter gehalten. Dazu trägt auch das blendende Weiß seines Gewands bei, das den Betrachter an die weißen Gewänder der Apokalypse erinnert haben mag, die als Zeichen für den Sieg über Sünde und Martyrium und die Erlösung von Tod und Verdammnis standen.[33] Van der Paele wird durch diesen Kunstgriff also *zugleich* als Zeitgenosse des Betrachters dargestellt *und* in seiner Hoffnung auf Auferstehung und Zugehörigkeit zur großen Schar der Frommen, die die himmlische Glückseligkeit erlangen werden. Seine Positionierung *hinter* dem Heiligen Georg und den Thronstufen mag auf subtile Weise also durchaus auf eine gewisse Entrückung hindeuten, selbst wenn die reale Persönlichkeit des verdienstvollen Kanonikers zweifellos und vollständig dem Diesseits angehören mag.

Am Ende der Untersuchung der von Jan van Eyck verwendeten künstlerischen Mittel bleibt bei aller versteckten Symbolik die Faszination der Wirklichkeitsnähe der Darstellung als dem alles Überragenden dieser künstlerischen Mittel: „Das Glitzern der Juwelen an dem Gewand der Jungfrau Maria, der steife Brokat des Ornats des heiligen Donatus [*sic*], der Glanz der Ritterrüstung des heiligen Georg, der wollige Teppich, die Butzenscheiben und die glänzenden Marmorsäulen werden in den Eigenheiten ihrer Oberflächen in schier unbegreiflicher Perfektion vor uns ausgebreitet. Und der Schimmer konkretisiert sich in höchster illusionistischer Perfektion dort, wo er spiegelnd zurückgeworfen wird – etwa der rote Mantel der Madonna an verschiedenen Stellen der polierten Georgsrüstung."[34]

Eine hervorragende Möglichkeit, die eigene Aufmerksamkeit zu wecken und den Blick zu schärfen, ist der Vergleich. So wie die Nuancen einer Farbe umso deutlicher werden, wenn man eine ähnliche daneben hält, so wird auch das Besondere eines Bilds erst dann wirklich erkennbar, wenn man es mit anderen Bildern oder mit Texten, die das gleiche Thema haben, vergleicht. Erst wenn man erkennt, dass es keineswegs selbstverständlich ist, die Gestalt der Gottesmutter ebenso wirklichkeitsgetreu und detailliert zu malen wie einen Zeitgenossen des Malers, beginnt man, für dieses Phänomen aufmerksam zu werden. Da sich aber, wie wir gesagt haben, der Maler buchstäblich über jeden seiner Pinselstriche Gedanken gemacht hat, lohnt es, unseren Blick auch für dessen unscheinbarste, künstlerische Eigenheiten zu schärfen.

Dabei sind es vor allem zwei Arten des Vergleichs, die besonders vielversprechend und zugleich ohne größeren Aufwand durchzuführen sind:

1. der Vergleich des Bilds mit einer zugrundeliegenden, *literarischen Tradition* und
2. der Vergleich des Bilds mit anderen Bildern des gleichen Bildvorwurfs*, also mit Beispielen der entsprechenden *ikonographischen Tradition**.

Diese beiden Arten des Vergleichs bilden die Stufen 2 und 3 unserer Analyse-Methode. Aus Platzgründen werden wir sie in diesem Band, dessen Hauptaugenmerk auf der Stufe 1 (Beschreibung bzw. Künstlerische Mittel) liegt, nur verhältnismäßig kurz behandeln. Selbstverständlich wäre es reizvoll und führte zu weiteren Beobachtungen, wenn wir die *Paele-Madonna* mit anderen Werken Jan van Eycks und mit älteren oder jüngeren Bildlösungen vergleichen könnten. Dafür reicht der Platz hier aber nicht aus.

## Literarische Tradition

In den meisten Fällen erzählt ein Bild eine Geschichte. Innerhalb der abendländischen Tradition stammen diese Geschichten gewöhnlich entweder aus der Bibel oder aus der antiken Literatur. In jedem Fall sind sie irgendwo schriftlich niedergelegt. So finden sich die Geschichten von der Erschaffung der Welt, der ersten Menschen und des ‚Sündenfalls‘ im ersten Buch des Alten Testaments (Buch Genesis/ 1. Buch Mose), jene vom Leben und dem Tod Christi am Kreuz erzählen die vier Evangelien im Neuen Testament, während die Lebensbeschreibungen der meisten Heiligen in der *Legenda aurea* des Jacobus de Voragine (1228–1298) zusammengetragen sind. Vom Untergang Trojas und den Irrfahrten des Odysseus erzählt Homer in der *Ilias* und der *Odyssee* und Vergil beschreibt in der *Aeneis* die Abenteuer des Aeneas, die der Gründung der Stadt Rom vorausgingen. Über die antiken Götter schließlich und ihre ziemlich irdischen Affären finden wir Schilderungen vor allem bei Homer und in Ovids *Metamorphosen*. Fast immer gibt es Texte, mit denen wir entsprechende Bildversionen vergleichen können.

Nur wenigen Bildmotiven der abendländischen, ikonographischen Tradition liegen keine solchen Texte zugrunde. Solche Motive wollen aber auch nicht im eigentlichen Sinn eine Geschichte erzählen. Bei den meisten von ihnen handelt es sich um Andachtsbilder, die dem Betrachter als Ausgangspunkt für die fromme Versenkung, die Meditation bzw. ‚Betrachtung‘ im übertragenen Sinn dienen sollen. Entsprechend haben sie keine Geschichten, sondern abstraktere Gegenstände wie „Leid“,

„Sünde“ oder „Demut“ zum Thema, oder näher an der Heilsgeschichte: „das Leiden Christi für die Menschheit“, „Leid als Nachfolge Christi“ oder „die Frömmigkeit Mariens als Beispiel für die Frömmigkeit des Christen“. Darüber hinaus können Bilder auch eine Erinnerungsfunktion haben, indem sie mehr oder weniger erzählend die Verdienste bestimmter Persönlichkeiten im Gedächtnis halten und dazu auffordern, ihrer im Gebet zu gedenken.

Die *Paele-Madonna* zählt zu diesem letzten Typus. Auf der Tafel wird keine Geschichte erzählt, die in der Bibel oder der antiken Mythologie zu finden wäre. Es handelt sich vielmehr um eine Szene, in der eine Reihe von Persönlichkeiten der christlichen und der profanen Geschichte auftreten, ohne dass sich daraus ein echter Handlungsablauf ergeben würde. Über jede einzelne von ihnen kann man in der Bibel oder den einschlägigen Heiligenlegenden nachlesen, aber nirgendwo findet sich eine Beschreibung ihrer Begegnung, wie sie Jan van Eyck in seinem Bild schildert. Uns liegt in diesem Fall also kein Text vor, von dem der Maler ausgehen konnte und der entsprechend geeignet wäre, uns zum Vergleich zu dienen. Damit führt Stufe 2 unserer Methode in diesem Fall also nicht weiter.

Immerhin liefert Jan van Eyck selbst einen Text, der in diesem Fall glücklicherweise erhalten ist. Er findet sich auf dem Rahmen des Bilds, der an allen vier Bildseiten eng beschrieben ist (*Abb. 2*).

Auf der linken und der rechten Rahmenleiste nehmen die Inschriften Bezug auf die Heiligen Donatian[35] und Georg.[36] Die untere Leiste verzeichnet, wie häufig auf van Eycks Bildtafeln, die näheren Umstände der Entstehung des Werks:

„Dieses Werk ließ Magister Georg van der Paele, Kanonikus dieser Kirche, von dem Maler Jan van Eyck machen. Er gründete außerdem zwei vom Chorkapitel zu unterhaltende Kaplansstellen" 1434; fertiggestellt im Jahr 1436.[37]

Die interessanteste der Inschriften findet sich auf der oberen Rahmenleiste. Sie nimmt Bezug auf die Darstellung der Gottesmutter Maria, stammt jedoch aus dem Alten Testament, also aus einer Zeit lange vor den Ereignissen, an denen Maria selbst teilgenommen hat:

> „Sie ist schöner als die Sonne und übertrifft jedes Sternbild, sie ist strahlender als das Licht. Sie ist der Widerschein des ewigen Lichts und der ungetrübte Spiegel von Gottes Größe."[38]

Im Kontext des Alten Testaments bezogen sich diese Worte ursprünglich auf die Weisheit Gottes (*sapientia*), die sich althergebrachtem Verständnis zufolge in der Person des sprichwörtlich weisen Königs Salomo, dem Erbauer des ersten Tempels in Jerusalem, manifestiert hatte. Die christliche Theologie bezog sie jedoch in gut mittelalterlich-typologischer Tradition* auf Maria. Entsprechend ist nun sie es, die als „schöner als die Sonne" und „strahlender als das Licht" gilt, da sie „Widerschein des ewigen Lichts" und vor allem „ungetrübte[r] Spiegel der Größe Gottes" sei.

Allerdings ist auch dieser Text nicht eben erzählend und eignet sich kaum dazu, in ein (erzählerisches) Bild umgesetzt zu werden. Tatsächlich scheint van Eyck sogar jeden Versuch einer solchen Umsetzung konsequent zu vermeiden, was umso auffälliger ist, als die Kunstgeschichte schon seit der Spätgotik entsprechende ikonographische Typen kennt, die als Vorbilder hätten dienen können. Beispielsweise hätte sich für eine Umsetzung der Inschrift die so genannte ‚Mondsichelmadonna' angeboten, eine auf einer Mondsichel stehende Muttergottes-Figur, die von Sonnenstrahlen umgeben und mit einer Krone aus zwölf Sternen bekrönt ist.[39]

Ganz offensichtlich geht es Jan van Eyck aber gerade nicht um die Erzählung einer Geschichte. Er setzt auch nicht einen Text in ein Bild um – auch nicht den Text der Inschrift. Allenfalls könnte man in der Figur des Stifters einen Appell sehen: Der Betrachter *vor* dem Bild wird durch die Anwesenheit und die Haltung des Stifters *im* Bild dazu aufgefordert, es diesem gleichzutun und sich, statt sich in künstlerischer Begeisterung zu verlieren, in frommer Betrachtung in das Geheimnis der Gestalt der Muttergottes zu versenken, das in der Inschrift bezeichnet wird. Entsprechend *ergänzen* Text und Bild einander. Sie leiten beide zur Kontemplation an, wobei die Texte sowohl von Maria, als auch von den Heiligen und vom Stifter handeln. Anders als die *künstlerischen* Strategien, die wir im vorangehenden Kapitel beobachtet haben, verteilen die *Texte* ihre Aufmerksamkeit gewissermaßen paritätisch auf alle vier großen Figuren, wobei die Inschriften zu den Heiligen aufgrund der kürzeren Rahmenleisten knapper ausfallen und der Jesus-Knabe in den Inschriften gar keine Beachtung findet.

## Ikonographische Tradition

Auch im Zusammenhang der ikonographischen Tradition erleben wir eine Überraschung: Bilder mit dem gleichen Bildvorwurf gibt es zu dieser Zeit in den Niederlanden und überhaupt nördlich der Alpen praktisch nicht. Man muss weit reisen, um auf ähnliche Bilder zu stoßen: „Als ikonographischer Typus", so ist bei dem van Eyck-Kenner Otto Pächt zu lesen, „ist dieses Bild das niederländische Äquivalent der italienischen *Sacra*

*Conversazione* und hat auch genetisch seine Vorläufer in Italien."[40]

## Sacra Conversazione

Der Begriff *Sacra Conversazione* stammt aus dem Italienischen und bedeutet wörtlich übersetzt „heiliges Gespräch". Der ikonographische Typus meint die Darstellung der Gottesmutter Maria inmitten von Heiligen, wobei es sich bei diesem Typus generell nicht um ein erzählendes Bild handelt, sondern um ein Andachtsbild. Zwischen dem 14. und 16. Jahrhundert war der Typus in der Kunst Italiens weit verbreitet – nicht allerdings nördlich der Alpen. Dort gab es stattdessen den Bildtyp der *Virgo inter Virgines*, wobei es sich in diesem Fall bei den Assistenzfiguren ausschließlich um weibliche Heilige handelte. Das Thema war in der Malerei der Niederlande und im Einflussbereich Kölns beliebt. Die *Paele-Madonna* indessen gehört nicht diesem Typus an, da ihre Assistenzfiguren ausschließlich männlich sind.

Ein mit der *Paele-Madonna* fast zeitgleich entstandenes Werk, das sich für einen ikonographischen Vergleich eignet, stammt von dem schon in jungen Jahren verstorbenen Florentiner Maler Francesco Pesellino (1422–1457; *Abb. 6*). Auch hier sehen wir, dass mithilfe der künstlerischen Mittel vor allem die Muttergottes in Szene gesetzt wird. Komposition, Perspektive, Lichtführung und Farbgebung heben sie deutlich aus den vier stehenden Heiligenfiguren heraus und bei genauerem Hinsehen wird sogar deutlich, dass sie von ihren Dimensionen her größer dargestellt ist als diese. Zudem wird sie von einer Rundbogennische überfangen, die ebenso ihr – und nicht dem Knaben – gilt wie die Inschrift auf der Stufe zu ihrem Thron: AVE [MARIA] GR[ATI]A PLENA, was sowohl die Anrede des Engels an Maria bei der Verkündigung war[41] als auch der Beginn eines der am weitesten verbreiteten Gebete der christlichen und ganz besonders der Laien-Gebetspraxis. Es ist also keine Frage, dass die thronende Gottesmutter im Zentrum des Bilds steht.

Andererseits aber spielt der Jesus-Knabe bei Pesellino eine deutlich andere Rolle als bei van Eyck; an der italienischen Bildversion wird also noch einmal die *andere* Akzentsetzung van Eycks deutlich. Der Knabe sitzt in diesem Fall nicht auf einem Tuch, sondern auf einem Kissen wie auf einem Thron und wendet sich entsprechend *thronend* direkt an den Betrachter. Er wird vom Licht ebenso angestrahlt wie Maria, aber während diese aus der Bildparallelität leicht herausgedreht ist und sich zudem dem Knaben zuneigt, sitzt dieser dem Betrachter frontal gegenüber und fixiert ihn mit Blick und Geste. Christus hat in diesem Bild zweifelsohne eine ganz andere Präsenz, seine Ansprache bleibt nicht *im* Bild, sondern geht aus ihm heraus zum Betrachter, den er nicht etwa segnet: seine Sitzhaltung wie auch seine Geste erinnern an den Richter des Jüngsten Gerichts, und vor diesem Hintergrund wirkt Maria wie die demütige Fürbitterin, als die sie in Darstellungen des Jüngsten Gerichts zu sehen ist. Das Gebet, das dem Betrachter mit den Anfangsworten *Ave Maria gratia plena* in den Mund gelegt wird, verwandelt sich auf diesem Weg zur Bitte um ihre Fürsprache. Die Verehrung der Muttergottes wird also vermischt mit ihrer vermittelnden Rolle während des Jüngsten Gerichts.

Dieser Aspekt spielt in der *Paele-Madonna* tatsächlich keine Rolle. Durch den Vergleich wird noch einmal die Souveränität dieser Muttergottes deutlich, die, ganz in herrschaftliches Rot gehüllt und unter einem um zwei Stufen erhöhten Baldachin thronend, dem Bitten des Stifters nachgibt, indem sie ihm den eucharistischen Leib

Christi anbietet. Während Pesellino auf das ferne Jüngste Gericht verweist, stellt van Eyck mit der Eucharistie und der Gebetsleistung van der Paeles das Hier und Jetzt der menschlichen Existenz ins Zentrum seiner Aufmerksamkeit.

## Sedes sapientiae

Im Sitz- bzw. Thron-Motiv begegnet aber noch ein zweiter ikonographischer Typ, der in seiner Entwicklung faszinierend und für die Deutung der *Paele-Madonna* wichtig ist. Gemeint ist der Typus der *Sedes sapientiae*, der sich in den einschlägigen Lexika gelegentlich auch unter ‚Thron Salomonis‘ oder ‚Maria als Thron Salomonis‘ findet.

Der Typus geht auf die schon erwähnte sprichwörtliche, von Gott gegebene Weisheit Salomos zurück, dessen Thron als ‚Sitz‘ (*sedes*) dieser Weisheit (*sapientiae*) galt, letztlich also als jener Ort, an dem sich die Weisheit Gottes auf Erden manifestiert. Als besonderes Kennzeichen dieses Throns, der im Alten Testament im Detail beschrieben wird,[42] entwickelten sich in der abendländischen Kunstgeschichte neben den Stufen die Löwendarstellungen, die den Thron schmückten. Schon in den frühesten Mariendarstellungen, die aus einer Zeit stammen, als Maria noch kein eigenständiges Thema von Theologie und Frömmigkeit war, übernimmt Maria die Funktion des Throns, indem sie selbst auf ihm platznimmt und auf diese Weise zum Thron für Christus wird.[43] Bei diesen Darstellungen handelt es sich entsprechend um *Christus*-, nicht aber um *Marien*darstellungen, denn *Christus* ist es, der als Verkörperung der Göttlichen Weisheit thront.

Diese Deutung blieb lange erhalten. Noch auf der in Mittelitalien 1199 entstandenen *Madonna des Presbyters*

*Martinus*, die sich heute in der Skulpturensammlung der Staatlichen Museen zu Berlin befindet (*Abb. 7*), ist sie durch die beiden Löwendarstellungen zu Füßen der Marienfigur (*Abb. unten*) eindeutig festzumachen. Die statuarisch-steife Haltung Mariens ist nicht zuletzt dem Umstand geschuldet, dass die Muttergottes im Grunde nichts anderes als den *Thron* für Christus, die Verkörperung der göttlichen Weisheit, darstellt. Christus repräsentiert in ihrem Schoß den Neuen Salomo, in dem die Erfüllung der Verheißungen des Alten im Neuen Testament zu sehen ist, oder, wie es die Inschrift am Sockel der Statue sagt:

IN GREMIO MATRIS FVLGET SAPIENTIA PATRIS
„Im Schoß der Mutter strahlt die Weisheit des Vaters."

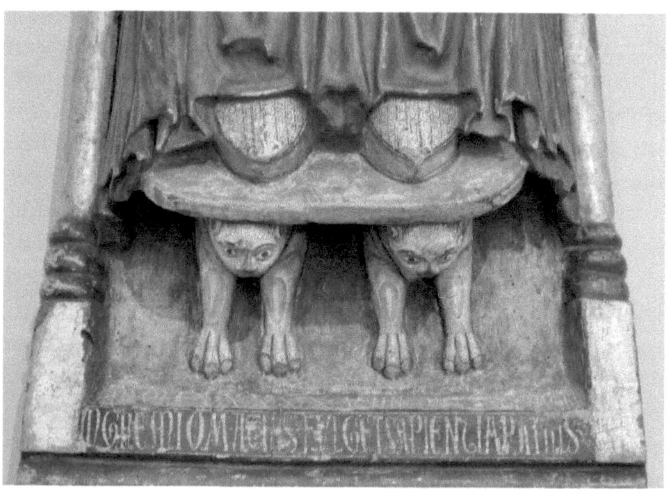

Im Zuge der sich verbreitenden Marienfrömmigkeit ändern sich dann auch die Mariendarstellungen. In dem Maße, in dem die Gläubigen in Maria den menschlicheren Bezugspunkt gegenüber Christus, Gottvater und dem Heiligen Geist entdecken, tritt sie aus der rein dienenden

Funktion heraus und gewinnt eine eigene Faszination. Das ist in der Kunst seit dem späten 12./ frühen 13. Jahrhundert spürbar, so beispielsweise in einer nordspanischen Figur des frühen 13. Jahrhunderts in der Benediktinerabtei Königsmünster in Meschede (*Abb. 8*). Zwar wirkt die Gottesmutter auch hier noch statuarisch; im Gegensatz zum lässig-bewegten Jesus-Knaben sitzt sie betont steif da und ihr unbestimmter Blick geht, anders als der Blick Christi, über die Gläubigen hinweg in die Ferne. Aber die am Kathedralbau in Burgos (Nordspanien) geschulten Bildhauer gaben der Figur zugleich eine bis dahin nicht gekannte Anmut, die einen ganz eigenen Charme entwickelt. *Diese* Muttergottes spricht den Gläubigen auch emotional an, ihr gewinnendes Lächeln wirkt anziehend.

Und dieser Zug prägt auch die *Paele-Madonna*; das wird durch einen Vergleich mit anderen Werken deutlich. Anders als beispielsweise in der *Sacra Conversazione* Pesellinos (*Abb. 6*) oder der *Madonna des Presbyters Martinus* (*Abb. 7*) thront hier nicht der zukünftige Richter des Jüngsten Gerichts in schreckenerregender Pose, sondern hier sitzt die junge, in der Tradition der ‚Schönen Madonnen‘ lieblich lächelnde Mutter – allerdings in königlichem Purpur – und hält mit der einen Hand ihren kleinen Sohn, mit der anderen reicht sie ihm einen Blumenstrauß, den dieser dem greisen Stifter weiterreichen wird. Selbst der Papagei ist kein Christus-, sondern ein – wenn auch ungewöhnliches – Mariensymbol, denn er galt „der Theologie als ‚sprechendes‘ Tier“ und konnte „das Grußwort ‚Ave‘ sagen.“[44] Damit übernimmt er jene Funktion, die bei Francesco Pesellino die Inschrift auf dem Sockel des Marienthrons übernommen hatte.

Die bildlichen Vergleiche, die sich aufgrund der verwendeten ikonographischen Typen anbieten, zeigen also deutlich eine Konzentration der Aufmerksamkeit auf Maria: weg von der unpersönlichen Erzeugung von Schrecken angesichts des fernen Endgerichts, hin zu einer hoffnungsvolleren Sicht auf das Jenseits.

Zugleich konnten wir beobachten, dass der Bezug zur Eucharistie in den vergleichbaren Bildlösungen ungewöhnlich war. Die Eucharistie bezieht sich aber, wie das Stundengebet, auf die Gebetsleistungen, die der Gläubige noch im Diesseits verrichten kann. *Hier* und *jetzt*, so lautet ein berühmtes Wort des Apostels Paulus,

> „schauen wir in einen Spiegel und sehen nur rätselhafte Umrisse, *dann aber* schauen wir von Angesicht zu Angesicht. Jetzt erkenne ich unvollkommen, dann aber werde ich durch und durch erkennen [...]."[45]

Aber hier und jetzt kann der Gläubige noch etwas tun, um sein Sündenkonto möglichst ins Reine zu bringen. Und so ist es ein Zeichen der Hoffnung des Stifters, wenn er sich in die *Sacra Conversazione* aufnehmen lässt und auf dem Rahmen des von ihm gestifteten Bilds auf die Kaplansstellen verweist, die er in der Kirche St. Donatian gestiftet hat. Das mag ein selbstbewusster Hinweis an die Betrachter vor dem Altar gewesen sein, aber sicher war es auch ein Hinweis für das ‚Buch des Lebens', das dem Zeugnis der Bibel zufolge beim Jüngsten Gericht aufgeschlagen werden wird und in dem alle Werke der Menschen, die bösen wie die guten, verzeichnet sind.[46] Van der Paele wollte damit zweifelsohne für das Jenseits Vorsorge treffen.

Und damit kommen wir zum letzten Kapitel, das zugleich die vierte Stufe der diesem Buch zugrundeliegenden Methodik darstellt. Es dient hauptsächlich zwei Zielen:

Einerseits sollen die Beobachtungen zusammengetragen werden, die wir in den voraufgehenden drei Stufen unserer Analyse gemacht haben. Bisher hatten wir uns bewusst mit Interpretationen weitgehend zurückgehalten, um nicht zu vorschnellen Schlüssen zu kommen. Stattdessen hatten wir uns bemüht, zunächst eine möglichst große Zahl unterschiedlicher Hinweise auf Deutungen zu sammeln.

Andererseits werden wir nun historische Daten und Fakten einbeziehen, die wir überwiegend den schriftlichen Quellen entnehmen, vor allem die Umstände des Auftrags für das Werk. Beides zusammengenommen soll uns zu einem Verständnis des Bilds führen, das möglichst viele unmittelbare Hinweise des Kunstwerks selbst einbezieht und auf diese Weise nicht so sehr unserer Erwartung als vielmehr der Absicht von Künstler und Auftraggeber entsprechen mag.

Zunächst möchte ich aber auf etwas aufmerksam machen, das unser *Vorgehen*, unsere Methode der Bildbetrachtung und -analyse betrifft. Die ersten drei Stufen, die wir bereits kennengelernt haben, sind

1.   Bildbeschreibung/ Beschreibung der künstlerischen Mittel (Phänomenologie),
2.   schriftliche Tradition (Primärliteratur) und
3.   bildliche Tradition (Ikonographie).

Für diese drei Stufen der Bildanalyse haben wir uns ausschließlich auf eine genaue Betrachtung und Beschreibung des Bilds konzentriert. Auf Stufe 2 und 3 haben wir zudem Vergleiche mit zugrundeliegenden Quellentexten und mit anderen Werken der abendländischen Kunstgeschichte zur Hilfe genommen. Was wir bis hierhin bewusst nicht getan haben, ist, Fachliteratur, die so genannte Sekundärliteratur, einzubeziehen.

Das mag umso überraschender sein, als unter Fachleuten wie interessierten Laien eine andere Praxis üblich ist. Gewöhnlich wirft man, wie wir es schon ganz zu Beginn beobachtet haben (S. 9f), zunächst einen kurzen Blick auf das Bild, dann *liest man*, was es über das Bild zu lesen gibt (und ist häufig wenig wählerisch in Bezug auf die Quellen, die man dafür nutzt), und *erst dann* lässt man sich – *wenn* man es tut – auf das Kunstwerk ein. Es braucht nicht eigens darauf hingewiesen zu werden, dass man auf diesem Weg im Bild nur das sehen wird, worauf die Lektüre unseren Blick vorbereitet hat.

Das Vorgehen, das wir in dieser Buchreihe dem üblichen Verfahren vorziehen, ist es, die genaue Betrachtung der Kunstwerke *vor* die Lektüre der Sekundärliteratur zu stellen. Auf diese Weise soll unsere Aufmerksamkeit für die ‚Sprache des Bilds‘ bewahrt werden, möglichst ohne dass unser Blick durch die in der Literatur nachlesbaren Beobachtungen und Diskussionen vorgeprägt würde.[47] Aus diesem Grund finden sich sogar die historischen Daten und Fakten, die sich nicht aus dem Bild selbst ergeben, erst auf dieser vierten Stufe unserer Analyse und nicht bereits vor Beginn der Bildbeschreibung.

### Historische Umstände des Auftrags

Die meisten Informationen, die wir über den Auftrag für die *Paele-Madonna* haben, finden sich in jener Inschrift, die bis heute auf dem Rahmen der Tafel zu lesen ist.[48]

Demnach erging der Auftrag für das Werk 1434, fertiggestellt wurde es zwei Jahre später, 1436. Zu diesem Zeitpunkt war Georg (niederländisch: Joris) van der Paele etwa 65 Jahre alt und offenbar so schwer krank, dass er mit seinem baldigen Tod rechnete.

Van der Paele war um 1370 als uneheliches Kind eines hennegauischen Adeligen geboren worden. Er wurde als Kleriker ausgebildet und wechselte anschließend in die päpstliche Kanzlei in Rom. Damit nahm die Anhäufung eines beträchtlichen Vermögens ihren Anfang, denn die Stelle in Rom verschaffte ihm Pfründe unter anderem in Köln, Straßburg, Lüttich und Maastricht. Mit etwa 55 Jahren zog er sich 1425 nach Brügge zurück, wo er bis zu seinem Tod 1443 als Kanoniker der Kirche des Hl. Donatian lebte.

Der Hinweis, den man in der Literatur finden kann, van der Paele sei „ein Mann von Welt" gewesen „wie auch der im Auftrag des Burgunderherzogs weit gereiste Jan van Eyck",[49] lässt vielleicht darauf schließen, dass die beiden mehr Gemeinsamkeiten hatten, als es für den Auftrag unbedingt notwendig gewesen wäre. Zudem verkehrten in den gleichen, erlauchten Kreisen in Brügge, denn van Eyck war als Hofmaler des Herzogs wie van der Paele Angehöriger des Hofs. Das von Jan van Eyck verwendete, anspruchsvolle Zeichenrepertoire mag also dem von van der Paele Gewünschten entsprochen haben.

Aufgrund der Krankheit des Kanonikers war dieser seit September 1434 vom gemeinsamen Stundengebet in der Kirche befreit. Dieses Gebet mag im Empfinden van der Paeles jedoch nicht allein lästige Schuldigkeit gewesen sein, zu der Kleriker wie Mönche verpflichtet waren. Vielmehr diente es der aktiven Vorsorge für das Jenseits. Mit seiner Hilfe konnten Verdienste angesammelt werden, die beim Jüngsten Gericht dazu beitragen sollten, die

Zeit des Fegefeuers zu verkürzen und früher unter die Seligen gezählt zu werden. Entsprechend ließ es sich van der Paele angelegen sein, möglichst viele Verdienste zu erwerben. So stiftete er offenbar 1434 die Stelle eines Kaplans, der für ihn in der Kirche präsent war, Messen las und das Stundengebet hielt. Zugleich gab er die Bildtafel in Auftrag, die zwar wahrscheinlich nicht als Altaraufsatz dienen, aber trotzdem in der Nähe jener Stelle aufgestellt werden sollte, an der van der Paele wenig später bestattet wurde; jedenfalls deutet die Formulierung „Kanoniker *dieser* Kirche" (*huius ecclesie canonicus*) auf dem Rahmen darauf hin.

Nach der Stiftung der ersten Kaplansstelle lebte van der Paele offenbar jedoch noch länger als gedacht. So blieb ihm die Zeit, eine zweite Stelle zu stiften, so dass nach seinem Tod 1443 gleich zwei Priester ‚immerwährend' Seelenmessen für den Kleriker lesen konnten.[50]

### Ansätze zur Deutung

Kommen wir abschließend zu den Ansätzen einer Deutung des Bilds. – Wir hatten gesagt, dass die ersten drei Stufen unserer Bildanalyse hauptsächlich dem Zweck dienten, Beobachtungen zu *sammeln*. Aus diesen Beobachtungen sollen nun Argumente innerhalb einer möglichst stringenten Aussage werden.

Gerade die Forschungsgeschichte zu den Frühen Niederländern zeigt im Übrigen, wie unzureichend *unsere* Deutungen sind. Noch zu Panofksys Zeiten in der Mitte des 20. Jahrhunderts war man davon überzeugt, all die zweifellos vorhandene, aber versteckte Symbolik unter Zuhilfenahme frühchristlicher und mittelalterlicher, theologischer Quellenschriften aufdecken und verlässlich entschlüsseln zu können. Heute scheint sich eher die

Erkenntnis durchzusetzen, dass bestimmte Sinnschichten dieser hochkomplexen Kunstwerke mehr oder minder verloren sind. Jedenfalls steht noch *sehr* viel Forschungsarbeit bevor, um *wirklich* entscheiden zu können, welche Quellen und welche Denk- und Frömmigkeitsweisen den Werken zugrunde lagen und wie sie sich in ihnen im Einzelnen wiederfinden lassen. So sind wir im Augenblick darauf angewiesen, uns auf das zu konzentrieren, was die Bilder selbst uns enthüllen – sei es durch ihre Motivik, sei es durch die Anwendung bestimmter, künstlerischer Mittel.

### Größe, Format, Bild-Ausschnitt

Schon die Dimensionen und der Bildausschnitt hatten uns auf eine interessante Fährte gelockt: Die ungewöhnliche Größe der Tafel macht deutlich, dass es sich bei dem Bild um ein für die *öffentliche* Ausstellung vorgesehenes Werk handelt. Anstatt aber entsprechend den Betrachter auf repräsentative Distanz zu halten, lassen sich Strategien beobachten, mit deren Hilfe er im Gegenteil nahe an das Bild und das darauf Dargestellte heran gezogen wird, ja der Teppich, der zum Thron Mariens führt, lädt den Betrachter optisch sogar ein, ihn und damit den Bildraum zu betreten, selbst also Teil der dargestellten Vision zu werden.

Wir können mit unserer Beobachtung aber sogar noch weiter gehen. Denn als Betrachter müssen wir zur Muttergottes und den sie begleitenden Heiligen *auf*sehen. Entsprechend scheint es, als hätte der Maler dem Betrachter wie dem Kanoniker eine *kniende* Haltung zugedacht. Während van der Paele indessen *neben* dem Thron kniet, kniet der Betrachter *vor* dem Thron, wobei sich, vielleicht nicht zuletzt aufgrund der Massigkeit und relativen Größe der Gestalt van der Paeles, eine überraschende Nähe zu ihm einstellt. Das Querformat des Bilds, das, wie wir gesagt haben, nicht spannungsvoll ist, sondern zur Ruhe kommen lässt, lädt zugleich dazu ein, neben der äußeren auch die innere Haltung des Kanonikus einzunehmen und sich der Kontemplation, der ‚Betrachtung‘ im übertragenen Sinn hinzugeben.

## Technik und Material

Im Zusammenhang von Technik und Material haben wir darüber hinaus festgestellt, dass Jan van Eyck die Ölmalerei dazu nutzte, in einer bisher nicht gekannten Weise mimetisch* zu arbeiten. Das bedeutet, er gab die äußerlich sichtbare Wirklichkeit (missverständlich häufig ‚Natur‘ genannt) so detailliert und exakt wieder, dass sich beispielsweise Größenunterschiede als Hinweis auf Bedeutung oder selbst Nimben* in seiner Darstellung verboten. Tatsächlich machte er nur ganz wenige Ausnahmen von dieser Regel, so wenn er auf der *Verkündigungs*-Tafel an der Außenseite des Genter Altars sowohl die Worte des Engels an Maria (*Ave Maria gratia plena*) als auch die an den Heiligen Geist gewandten Worte Mariens (*Ecce ancilla domini*) *als Schriftzug* in das Bild einfügt (die Worte Mariens allerdings auf dem Kopf stehend, so dass die über ihr schwebende Heiliggeisttaube sie lesen kann.

Trotz dieser Ausnahmen fühlt sich van Eyck aber grundsätzlich an die Forderung nach kompromissloser Wirklichkeitsnähe der Darstellung gebunden, die ihn in seiner künstlerischen Freiheit einschränkt. Für bestimmte Aussagen musste er innerhalb der Grenzen der Sichtbarkeit verbleiben, auch wenn sich eine Übertretung dieser Grenzen im Bild, eine Ausnutzung der künstlerischen Freiheit eigentlich nahegelegt hätte.

Um nur ein Detail zu nennen: Wie kann deutlich gemacht werden, dass es sich bei einer Figur um einen Heiligen handelt, wenn ihm kein Nimbus* hinter den Kopf gemalt werden darf, oder gar um Christus, wenn sich ein Kreuznimbus ebenfalls verbietet? Jan van Eyck musste sich andere, aus der sichtbaren Wirklichkeit stammende Mittel ausdenken, mit denen er bestimmte Bedeutungen transportieren konnte.

Andererseits bot ihm die Technik der Ölmalerei Möglichkeiten für ein ganz neues Zeichenrepertoire und eine ganz neue Form der Symbolik, die wir gemeinhin unter den Begriff „Materialästhetik" fassen. Gold und Edelsteine hatten bis dahin nur in der Goldschmiedekunst Symbolkraft gehabt, weil sie in der Malerei praktisch nicht identifizierbar gewesen waren. Nun jedoch bekommen sie auch auf gemalten Bildtafeln detaillierte, differenzierte Aussagekraft. Zudem beginnt die Ölmalerei als wesentlich preisgünstigeres, ästhetisch nun aber vergleichbar faszinierendes Medium der Goldschmiedekunst ernsthafte Konkurrenz zu machen.[51] Auch Licht konnte nun in ganz anderer Weise thematisiert werden, weil der lasierende* Farbauftrag der Ölfarben glaubhaft jenen Effekt zu imitieren in der Lage war, den Licht erzeugt, wenn es durch Glas oder auf einen durschichtigen Edelstein trifft. Und tatsächlich wird das Licht zu einem der großen Themen der frühniederländischen Malerei.

### Perspektive und Komposition

In Bezug auf die Perspektive hatten wir gesehen, dass Jan van Eyck zwar eine quasi-zentralperspektivische Konzeption entwickelt, sie aber nicht in dem Maße in deiktischer*, also hinweisender Form verwendet, wie dies mithilfe der von Filippo Brunelleschi entwickelten Regeln der Zentral- oder Fluchtpunktperspektive möglich wird. Aus diesem Grund fällt die Perspektive als Ansatz zu einer Deutung weitgehend aus.

Dagegen setzt van Eyck die Komposition umso souveräner ein. Da sie in der *Paele-Madonna* verhältnismäßig einfach ist, ist ihre Wirkung kaum zu übersehen. Und obwohl Jan van Eyck auch hier sehr subtil vorgeht, hat sie unverkennbar eine Zeigefunktion.

Die vielen parallel verlaufenden, senkrechten Linien geben dem Bild eine große Ruhe. Die Mittelachse und damit die Figur der Gottesmutter ist betont. Allerdings ist die Anordnung der Personen auf dem Bild asymmetrisch, was van Eyck durch leichte Verschiebungen ausgleicht. Auf diese Weise rückt der Kanonikus fast unmerklich in die zentrale Aufmerksamkeitszone hinein, in jenen Kreis also, jenes Oval oder Dreieck, das die Muttergottes mit ihrem Mantel im Zentrum der Komposition bildet. Er nimmt gewissermaßen Teil an der Aufmerksamkeit, die die Figur Mariens auf sich zieht.

Maria *bleibt* indessen die zentrale, damit die wichtigste Person – Maria, nicht Christus; wir können also getrost dabei bleiben, dass es sich bei dem Bild um ein *Marien*bild handelt, nicht um ein Christusbild, dass wir es hier also nicht mit einer traditionellen *Sedes sapientiae* zu tun haben (vgl. S. 61–64) und es nicht (ausschließlich) *Christus* ist, dem der Thron gilt. Die Akzentverschiebung zugunsten der Muttergottes hatten wir bei unserer Bildbeschreibung bereits deutlich wahrgenommen; sie entspricht der immer intensiver werdenden *Marien*frömmigkeit der zweiten Hälfte des Mittelalters.

Darüber hinaus rückt die Komposition unübersehbar aber auch die Figur des Stifters in den Fokus der Aufmerksamkeit. Er kniet nicht mehr, wie bei früheren Stifterdarstellungen und noch auf dem Dresdener Altärchen

(*Abb. 4*) ganz am Bildrand in deutlich neben- und nachgeordneter Position, sondern er tritt hinein in den Kreis der Heiligen und sogar in die zentrale Aufmerksamkeitszone, selbst wenn er an deren Rand verbleibt.

Dass dies, auch wenn es uns irritieren mag, kein Irrtum, keine Überbewertung und die sich daraus ergebende, bedrohlich blasphemisch erscheinende Interpretation keine Überinterpretation ist, wird noch durch die beiden fiktiven Kompositions-Linien bestätigt, die wir beobachtet hatten. Sie fallen aus dem Raster der senkrechten und waagerechten Linien heraus und führen den Blick des Betrachters ebenfalls von der Mittelachse diagonal auf den Kanonikus hin.

Kompositorisch, so stellt sich heraus, wird der Stifter gezielt in den Bereich der Betrachteraufmerksamkeit gerückt, noch vor den beiden Heiligen, die auf diese Weise zu ‚Randfiguren‘ im doppelten Wortsinn werden. Etwas – das beginnen wir zu ahnen – hat der Maler vor, das uns spontan zurückschrecken lässt, da wir es für ungebührlich zu halten geneigt sind. Aber eines ist sicher: die Komposition *tut* das, was wir beobachtet haben. Sie verweist eindeutig neben der zentralen Figur Mariens auf den Stifter, dem ganz ohne Zweifel eine ungewöhnliche Stellung innerhalb des Bilds zugedacht ist.[52]

## Lichtführung und Farbgebung

Das gleiche tut das Licht. Es verbündet sich, wie wir beobachtet hatten, mit der Komposition und trägt seinerseits dazu bei, dass der Betrachter seine Aufmerksamkeit auf den greisen Stifter richtet, der als einziger im Bild *direkt* vom Licht angestrahlt, frontal von ihm getroffen wird. Durch die Farbgebung erstrahlt zudem sein weißes Gewand ähnlich wie das ebenfalls weiße Korporale, auf dem Jesus sitzt, und die Auferstehungsfahne im Arm des Heiligen Georg.

Auch Maria und der Jesus-Knabe werden von diesem Licht beleuchtet. Ihr Inkarnat ist hell und setzt sich deutlich gegen das diffuse, milchige Licht und die dunkleren Farben der Umgebung ab. Es ist also keineswegs so, dass der Kanonikus das *gesamte* Licht auf sich vereint. Aber er ist durch seine Körperhaltung dem Licht unmittelbarer ausgesetzt, so dass er noch mehr angeleuchtet zu sein scheint als sie. Wie gesagt: van Eyck geht subtil vor, er setzt seine Differenzierungen äußerst nuanciert ein, so dass sie sich nur bei sehr aufmerksamem Hinsehen wirklich offenbaren. Aber dann sind sie doch deutlich: der hellste Punkt im Bild ist der Chorrock des Kanonikers.

Die Farbgebung sorgt im Übrigen dafür, dass sich soetwas wie eine Scheidung der Realitätsebenen ergibt: Die Heiligen Donatian und Georg, die beide in Blau und Gold gekleidet sind, werden als Assistenzfiguren der Gottesmutter deutbar, an der die Farben ebenfalls zu sehen sind. Allerdings ist bei ihr das leuchtende Rot des prunkvollen Mantels prägender, der – wie Thron und Baldachin – auf den herrscherlichen Kontext verweist, in dem Maria hier zweifellos verstanden werden soll,[53] während Christus ohne ein Attribut, das auf seine Bedeutung hinweisen würde, nackt und mit einem Papagei als einem *Marien*symbol in seinen Händen auf dem Schoß der Muttergottes sitzt, allerdings auf einem korporaleartigen Tuch, das gemeinsam mit den typologischen Szenen auf den Kapitellen des Chorumgangs darauf hinweist, dass er im eucharistischen Zusammenhang verstanden werden soll, also als der gewandelte ‚Leib Christi‘.

## Der Schlüssel ist der Blick

Und damit haben wir den springenden Punkt erreicht; denn nun halten wir einen jener Schlüssel in den Händen, die sich dazu eignen, das Bild mit ‚doppeltem Blick‘ zu sehen und es über das Augenscheinliche hinaus zu deuten.

Dass der Kanonikus eine ganz ungewöhnliche Rolle in diesem Bild spielt, haben wir anhand einer Reihe von künstlerischen Mitteln beobachten können, die uns zum Teil überrascht und kurzzeitig sogar verunsichert haben. Wenn wir jedoch seinen eigenartig unbestimmten Blick, der sich deutlich von den eindeutig fixierbaren Blicken der anderen dargestellten Personen unterscheidet, ernstnehmen, so wird er zu einem zweiten Schlüssel, geradezu zu einer Aufforderung zum ‚doppelten Blick‘. Denn auch van der Paele, der vor den Stufen des Throns kniet, ein aufgeschlagenes Gebetbuch in den Händen hält, ohne darin zu lesen, und seine Brille abgenommen hat und sie in der Hand hält, fixiert mit seinem Blick nicht etwa seine *äußere* Umgebung, schon gar nicht das, was sich unmittelbar vor ihm zu befinden scheint. Der diffuse Blick ins Leere zeigt vielmehr, dass er *nach innen* sieht, in sein eigenes *Inneres*. Es ist ein Blick, der durch die Lektüre im Gebetbuch inspiriert ist, der jedoch darüber hinaus geht; ein kontemplativer Blick, für den keine Brille notwendig ist, denn das Bild, das sich ihm bietet, zeigt sich vor dem *inneren* Auge.

Dabei enthält die von van Eyck geschaffene Bildtafel eine Fülle von Hinweisen darauf, wo sich van der Paele in Wirklichkeit aufhält und was er konkret vor sich hat, wie also seine äußere Umgebung tatsächlich aussieht, in der ihm das Bild der Muttergottes vor das innere Auge tritt. Das Korporale verweist darauf, dass van der Paele im

Chorraum einer Kirche an den Stufen eines Altars kniet und einer Eucharistiefeier beiwohnt. Die Wandlung ist vollzogen, Christus ist in den Gestalten von Brot und Wein leibhaftig auf dem Altar zugegen, der in der Liturgie traditionell als der Thron Christi gedeutet wird. Die Eucharistiefeier findet offenbar an einem Marien-Festtag statt, denn der Liturgie liegt, wie nicht zuletzt am Gebetbuch van der Paeles zu erkennen ist, das Marien-Offizium zugrunde, also eine Variante der Eucharistiefeier, bei der Maria eine besondere Rolle spielt. Sie steht im Zentrum der Texte und Gebete, die Anlass dazu geben, der Gottesmutter zu gedenken, über ihren Anteil an der Heilsgeschichte zu meditieren und sie als die Himmelskönigin zu verehren. Diese spezielle Art der Frömmigkeit mag der persönlichen Glaubenspraxis van der Paeles entsprochen haben, so wie sie ganz allgemein die Zeit prägte.

Ähnlich wie in der seit dem Beginn des 15. Jahrhunderts beliebten, so genannten Gregorsmesse[54] kniet der Stifter also vor dem Altar einer Kirche, auf der auf einem Korporale die gewandelte Hostie liegt, während ihm im Verlauf der Meditation über die Texte des Offiziums eine Vision vor das innere Auge tritt, die nur er sieht, die vom Maler jedoch für den Betrachter sichtbar gemacht wird. Um sie sehen zu können, benötigt der Kanoniker die Brille nicht, und angesichts dieser Deutung wird nun auch die Geste des Heiligen Georg mehrdeutig (*Abb. 5*). Vielleicht weist er mit seiner linken Hand tatsächlich nicht allgemein auf seinen Schützling. Ebensogut kann die Geste als ein gezielter Hinweis auf Buch und Brille und damit auf den Vorgang der Meditation, der ‚Betrachtung‘ (im doppelten Wortsinn) gedeutet werden. Georg van der Paele würde damit nicht nur dem Jesus-Knaben anempfohlen werden, sondern er würde in seiner betrachtenden Verehrung zugleich als Vorbild präsentiert, dem der Betrachter in seiner Frömmigkeitspraxis nacheifern soll.

Wenn er dies aber tut, so zeigt es das Bild weiter, wird der Betrachter schließlich auch die Hoffnung auf die Auferstehung und Erlösung mit dem Kanonikus teilen können, die sich in der strahlend-weißen Farbe seines Gewands und nicht zuletzt in der Auferstehungsfahne im Arm des Heiligen Georg ausdrückt, die dieser so hält, dass sie auch als Attribut des Kanonikers verstanden werden kann. Unter die Seligen der Apokalypse gezählt zu werden, meint entsprechend, an der ewigen Gottesschau teilzuhaben, die in christlichem Verständnis der höchste Lohn des frommen Christen sein wird – wiederum eine ‚Schau‘ also, für die als Erfüllung jedoch kein *doppelter* Blick mehr nötig sein wird. Die endzeitliche Erfüllung wird gerade darin bestehen, dass der Blick *unmittelbar* ist, so wie Paulus es beschrieben hatte:

> „dann aber schauen wir von Angesicht zu Angesicht. Jetzt erkenne ich unvollkommen, dann aber werde ich durch und durch erkennen [...].“[55]

Für den Kanonikus wird diese unmittelbare Schau in seiner Vision bereits vorweggenommen – und es ist nachvollziehbar, dass er sie *ohne Brille* besser sieht als mit ihr.

## Schlussbemerkung

Es ließe sich noch viel zur *Madonna des Kanonikus Georg van der Paele* sagen. Jan van Eyck wurde schon von den frühen Humanisten wegen seiner literarischen Bildung gerühmt, und am burgundischen Hof und in dessen Umkreis arbeitete er „für gebildete Betrachter und Kunstkenner, die er mit versteckten Pointen ebenso wie mit dem vollen Spektrum seiner optischen Kenntnisse überraschte."[56]

Anliegen dieses Büchleins war es aber, möglichst nahe beim Bild und seinen künstlerischen Strategien zu bleiben, die gerade angesichts eines so vielschichtigen Künstlers wie Jan van Eyck allzu begeistert mit Vor- und Querwissen überlagert werden, ohne dass das Bild selbst dabei immer angemessen berücksichtigt würde. Wohlgemerkt: Die meisten der ‚Schichten', die in der Literatur angesprochen werden, mögen tatsächlich im Bild stecken. Aber um das beurteilen zu können, muss man das Bild zuvor gründlich angeschaut haben, und das scheint nicht in jedem Fall gegeben zu sein. Noch einmal Hans Belting, diesmal zu den Wegen und Abwegen der Forschung:

> „Man entdeckte bald auch eine ‚versteckte Symbolik', welche die bloße Naturschilderung für einen religiösen Sinn öffnet. Seither sind die Anteile des ‚Wirklichen' und des ‚Symbolischen', die in diesen Bildern stecken, heftig umstritten. Doch über die Bilder selber hat man sich wenig Gedanken gemacht. Man hat sie gleichsam über den Malern und über den Formen und Inhalten ihrer Kunst als eine eigene Kategorie vergessen."[57]

Das sollte hier anders gemacht werden. Die in diesem wie in den weiteren Bänden unserer Buchreihe vorgestellte Methodik sollte dazu dienen, das Bild selbst zu befragen und zugleich die Antworten möglichst auf ihre Richtigkeit überprüfen zu können. Aus diesem Grund wurde nicht die Lektüre von Sekundärliteratur, sondern ein Vorgehen über Bildbetrachtung und -beschreibung und die In-Bezug-Setzung zu anderen, vergleichbaren Bildern und Primärtexten gewählt. Dass wir damit noch immer nicht das Bild und seine Symbolsprache vollständig ausgelotet und längst nicht alles thematisiert und in Worte gefasst haben, was sich über das Bild sagen ließe, soll nicht bestritten werden. Das Buch will in erster Linie ein Appell sein, das *Bild* zu Wort kommen zu lassen, den *Künstler* in seiner Eigenständigkeit ernstzunehmen und ihn niemals zu unterschätzen.

# ANMERKUNGEN

[1] BELTING 1994, S. 8.

[2] Wolfgang TSCHACHER u.a., Physiological Correlates of Aesthetic Perception of Artworks in a Museum, in: Psychiology of Aethetics, Creativity, and the Arts 6, 2012, Nr. 1, S. 96–103.

[3] Henry David THOREAU, Walden oder Leben in den Wäldern, Zürich 1979/ 2004, S. 156 (*„Books must be read as deliberately and reservedly as they were written"*).

[4] Der Gebrauch des Begriffs ‚moderne Kunst' geschieht in der einschlägigen Literatur und im mündlichen Gebrauch vor allem unter Nicht-Fachleuten höchst unterschiedlich. Unter Kunsthistorikern wird der Beginn der Moderne in der Kunst meist um 1800 angesetzt: Französische Revolution, beginnende Industrialisierung, die Entwicklung des Kunstmarkts haben zu diesem Zeitpunkt die Bedingungen für die Entstehung von Kunst so grundlegend verändert, dass hier eine entscheidende Epochenschwelle anzusetzen ist. Das geht im Übrigen so weit, dass die Kunst diesseits und jenseits dieser Schwelle anders ‚funktioniert' und aus diesem Grund auch in ganz anderer Weise analysiert werden muss. *Moderne* Kunst erfordert erwiesenermaßen eine gänzlich andere Analyse-Methode als *vor*moderne Kunst.

[5] Michelangelo Buonarroti, David (Marmor), 1501–1504; Florenz, Galleria dell'Academia, ehemals Piazza della Signoria, vor dem Palazzo della Signoria (heute: Palazzo Vecchio).

[6] Peter Paul Rubens, Großes Jüngstes Gericht, 1616–1618; München, Alte Pinakothek, ehemals Neuburg an der Donau, Hofkirche Unser Lieben Frauen (Hauptaltar).

[7] Es ist ein weit verbreiteter Irrtum, der auf einen falsch verstandenen Ausspruch Papst Gregors des Großen († 604) zurückgeht (*‚pictura litteratura laicorum'*), dass die Bilder die Analphabeten mit den Geschichten der Bibel vertraut machen sollten. In der Fachliteratur ist diese Ansicht längst überholt, doch unter kunsthistorischen Laien ist sie noch immer weit verbreitet. Im 15. oder 16. Jahrhundert gab es in Europa jedoch

praktisch keinen Menschen, der die biblischen Geschichten wie die von der Geburt Christi und seiner Kreuzigung noch nicht kannte. Es hätte für ein Bild mit dem Zweck, über diese Geschichte zu unterrichten, also schlichtweg kein Publikum gegeben. Zu Zeiten Gregors des Großen mag dies anders gewesen sein. Am Ende der Antike stand Europa noch *vor* seiner umfassenden Christianisierung und die Fähigkeit zu lesen und zu schreiben war noch nicht sehr weit verbreitet. – Der Zweck der Bilder, die die Geburt oder die Kreuzigung Jesu zeigten, bestand spätestens seit dem fortgeschrittenen Mittelalter also nicht mehr in der Nacherzählung. Stattdessen wollten sie die Auswirkungen des in der Bibel Erzählten auf die Gegenwart des Betrachters deutlich machen.

8   Für eine ausführliche Darstellung der Methode steht in diesem Bändchen nicht genügend Platz zur Verfügung. Da sie jedoch die Grundlage für die Reihe „**ein**blicke – Kunstgeschichte in Einzelwerken" ist, wird sie in der Einleitung eines jeden Bands ein Stückchen weiter vorgestellt. Dabei versteht sich jede Bildanalyse innerhalb der Reihe als eine *Anwendung* dieser Methode in den wesentlichen Punkten.

9   BELTING/KRUSE 1994, Tafel 47 und 51c.

10   Heinrich HEINE, Gemäldeausstellung 1831, in: Heinrich Heine, Sämtliche Werke, Bd. 3. Schriften zur Literatur und Politik I, München/ Darmstadt ²1992, S. 7–49, hier S. 7.

11   Vgl. Band 2 der Reihe „**ein**blicke – Kunstgeschichte in Einzelwerken": Christof L. DIEDRICHS, Das Paradies bleibt verloren. Gauguins Südseebilder, Freiburg im Breisgau/ Norderstedt 2015, S. 15–18.

12   Dieser Betrachter war Patient in jenem Hospital, für den der Isenheimer Altar geschaffen worden ist. Dort wurden Menschen behandelt, die am so genannten Antoniusfeuer (Ergotismus) erkrankt waren. Mit Spuren eben dieser Krankheit ist der Körper des Gekreuzigten auf der Altartafel übersäht.

13   HEINE, Gemäldeausstellung 1831 (wie Anm. 10), S. 7.

14   Bei dem Pelzstreifen handelt es sich möglicherweise um eine rudimentäre Form der *Almucia*, einem erstmals im 13.

Jahrhundert erwähnten, „Kopf und Schulter verhüllenden Kleidungsstück, von Stiftsgeistlichen in der kalten Jahreszeit beim Chordienst getragen", das im späten Mittelalter zu einem über dem linken Arm getragenen Pelzstreifen verkümmerte; E. VAVRA, Artikel ‚Almucia, Almutie', in: Lexikon des Mittelalters, Stuttgart/ Weimar 1980ff, Band 1, Spalte 452. – Freundlicher Hinweis von Christel Kuhn. – Darstellung von Stiftsgeistlichen mit *Almucia* z.B. auf einer Tafel mit der Grabtragung der Hl. Ursula (Oberrhein, um 1440/50; Freiburg im Breisgau, Augustinermuseum, Inv.-Nr. 11410), hier allerdings in der ursprünglicheren, mantillenartigen Form.

[15]  Zu diesem vom Laien kaum zu erkennenden Schild vgl. eine schriftliche Mitteilung von Dr. Stefan KRAUSE, Kunsthistorisches Museum Wien: „Das Objekt auf dem Rücken kann nur ein Schild sein, jedoch […] ein in seiner Form und Ausstattung künstlerisch übertriebener." – Für seine bereitwillige Auskunft sei Herrn Dr. Krause herzlich gedankt.

[16]  Bibel: Buch Genesis/ 1. Buch Mose, Kapitel 4, Vers 8: „Hierauf sagte Kain zu seinem Bruder Abel: Gehen wir aufs Feld! Als sie auf dem Feld waren, griff Kain seinen Bruder Abel an und erschlug ihn."

[17]  Bibel: Buch Richter, Kapitel 14, Vers 5b–6: „Als sie bei den Weinbergen von Timna waren, kam ihm plötzlich ein brüllender junger Löwe entgegen. Da kam der Geist des Herrn über Simson und Simson zerriss den Löwen mit bloßen Händen, als würde er ein Böckchen zerreißen."

[18]  Bibel: Buch Genesis/ 1. Buch Mose, Kapitel 22, Vers 1–18.

[19]  Bibel: Buch Genesis/ 1. Buch Mose, Kapitel 14, Vers 17–20; vgl. HARBISON 1991, S. 61.

[20]  Bibel: Buch Genesis/ 1. Buch Mose, Kapitel 3.

[21]  Vgl. DIEDRICHS 2015 (wie Anm. 11), S. 23–25.

[22]  Hubert (?) und Jan van Eyck, sog. Genter Altar, fertiggestellt 1432; Gent, Sint-Baafskathedraal.

[23]  Die Tafel wurde erst nach dem Bildersturm (1566) und der anschließenden Wiederherstellung der Kirche auf dem Hauptaltar der Kollegiatskirche aufgestellt (BORCHERT 2010, S. 146).

Vermutlich befand sie sich ursprünglich in der Nähe oder auf dem Altar der Heiligen Petrus und Paulus, an dem die Messen für van der Paele gelesen wurden (BRINE 2006).

24 Norbert WOLF, Malerei verstehen, Darmstadt 2012, S. 43.

25 Das bedeutet im Umkehrschluss, dass es vor dieser Zeit und den Möglichkeiten, die die Ölmalerei schuf, *kein erklärtes Ziel der Kunst* war, die sichtbare Wirklichkeit bzw. die ‚Natur‘ wirklichkeitsgetreu abzubilden. Künstler vor dem Beginn des 15. Jahrhundert *wollten* schlichtweg nicht mimetisch arbeiten; dass sie es nicht taten, war also keineswegs die Folge künstlerisch-handwerklichen Unvermögens, wie gewöhnlich stillschweigend vorausgesetzt wird und sich in Formulierungen wie „der konnte das noch nicht" äußert.

26 Wortschöpfung von Erwin Panofsky (1892–1968), erstmals verwendet in seinem legendären Buch *Early Netherlandish Painting*, 1953. Vgl. Frank BÜTTNER/ Andrea GOTTDANG, Einführung in die Ikonographie. Wege zur Deutung von Bildinhalten, München 2006, S. 104f: „Während er [Panofsky] sich selbst der Gefahren seiner Methode stets bewusst war, suchten seine Epigonen bald in jedem Detail symbolische Bedeutungen und schenkten der Jagd nach dem Text, der den Schlüssel zur Lektüre eines Motivs barg, mehr Aufmerksamkeit als der Betrachtung des Kunstwerks."

27 „H[A]EC E[ST] SPECIOSIOR SOLE [ET] SVP[ER] O[MN]EM STELLARV[M] DISPOSIC[I]O[N]EM LVCI [COM]PA[RA]TA I[N]VE-[N]ITVR P[RI]OR. CA[N]DOR E[ST] ENI[M] LVCIS [A]ETERN[A]E [ET] SPEC[V]L[V]M S[I]N[E] MAC[V]LA D[E]I MAIEST[AT]IS." Bibel: Buch Weisheit (*Liber Sapientiae*), Kapitel 7, Verse 26 und 29.

28 Die folgenden Beobachtungen sind eigentlich nur am Original zu machen. Jede Reproduktion wirkt sich in der einen oder anderen Weise verfälschend aus.

29 Es ist im Übrigen ein in der Forschungsliteratur heftig diskutiertes Phänomen, dass Licht, das *von links* in den gewöhnlich *geosteten* Chor einer Kirche fällt, eigentlich *von Norden* kommen müsste, was auf diese Weise auf eine übernatürliche

Herkunft schließen lassen würde. Die auffälligste Manifestation dieses Umstands im Werk Jan van Eycks findet sich in dem kleinen Bild der *Madonna in der Kirche* in der Berliner Gemäldegalerie. Das Bild ist um 1425 oder erst um oder nach 1437 entstanden. – Die Auseinandersetzung um diese Frage und mögliche Konsequenzen für die Deutung ist bis heute nicht abgeschlossen.

[30] Von Jan van Eyck selbst: Kardinal Albergati, 1438; Wien, Kunsthistorisches Museum. Von anderen Malern z.B.: Dieric Bouts, Bildnis eines Mannes, 1462; London, National Gallery. – Bouts (1410/20–1475) gehört wie Rogier van der Weyden (1400–1464) und dessen Werkstatt-Mitarbeiter Hans Memling (1430–1494) in die unmittelbare Nachfolge Jan van Eycks. – Von Hans Memling: Diptychon des Maarten van Nieuwenhove, 1486; Brügge, Sint-Janshospital (Memlingmuseum); dieses Diptychon, bei dem der Stifter ebenfalls ‚in Betrachtung‘ der Madonna mit Jesus-Knaben versunken ist, zweifellos dabei aber eine Vision vor seinem inneren Auge hat, folgt einer ganz ähnlichen Konzeption wie die *Paele-Madonna*.

[31] „Sehen" kann im Sinn des ‚doppelten Blicks‘ folglich zwei Bedeutungen haben: es kann ‚blicken‘ meinen im Sinn des Anschauens der gegenständlichen Welt und ‚schauen‘ im Sinn einer visionären Sicht auf Unsichtbares.

[32] Im Formenrepertoire der frühen Niederländer wird diese Unterscheidung der Realitätsebenen im ‚doppelten Blick‘ noch auf andere Weise deutlich gemacht: durch die Darstellung eines Doppelfensters im Auge der dargestellten Personen. „Das Doppelfenster im Auge ist [...] ein verstecktes Zeichen für die unsichtbare Natur, die in der sichtbaren Natur enthalten ist." BELTING 1994, S. 85.

[33] Bibel: Offenbarung, Kapitel 3, Vers 5: „Wer siegt, wird [...] mit weißen Gewändern bekleidet werden. Nie werde ich seinen Namen aus dem Buch des Lebens streichen." – Offenbarung, Kapitel 6, Vers 9 und 11: „Und als das Lamm das fünfte Siegel öffnete, sah ich unter dem Altar die Seelen aller, die hingeschlachtet worden waren wegen des Wortes Gottes und wegen

des Zeugnisses, das sie abgelegt hatten. [...] Da wurde jedem von ihnen ein weißes Gewand gegeben; und ihnen wurde gesagt, sie sollten noch kurze Zeit warten, bis die volle Zahl erreicht sei durch den Tod ihrer Mitknechte und Brüder, die noch sterben müssten wie sie." – Offenbarung, Kapitel 7, Vers 9f: „Danach sah ich: eine große Schar aus allen Nationen und Stämmen, Völkern und Sprachen; niemand konnte sie zählen. Sie standen in weißen Gewändern vor dem Thron und vor dem Lamm und trugen Palmzweige in den Händen."

[34] WOLF 2012 (wie Anm. 24), S. 43.

[35] „SOLO PARTU NONUS FRATRUM MERSUS VIVUS REDDITUR ET RENATUS ARCHOS PATRUM REMIS CONSTITUITUR QUI NUNC DEO FUITUR". – Übersetzung: „Er wurde mit acht Brüdern zusammen als neunter geboren; ins Wasser geworfen kam er wieder zum Leben; neugeboren wurde er zum ersten Erzbischof von Reims inthronisiert und genoß fortan die Gnade Gottes." Inschrift (mit Auflösung der Abkürzungen) und Übersetzung zitiert nach TERNER 1979, S. 85 und 88.

[36] „NATUS CAPADOCIA XPO MILITAVIT MUNDI FUGIENS OCIA CESUS TRIUMPHAVIT HIC DRACONEM STRAVIT." – Übersetzung: „In Kappadocien geboren, stritt er für Christum, floh die Freuden der Welt, triumphierte im Tode und erschlug den Drachen." Zitiert nach: TERNER 1979, S. 88.

[37] „HOC OPUS FECIT FIERI MAGISTER GEORGIUS DE PALA HUIUS ECCLESIE CANONICUS PER IOHANNEM DE EYCK PICTOREM ET FUNDAVIT HIC DUAS CAPELLANIAS DE GREMIO CHORI DOMINI 1434 COMPLETUM ANNO 1436". Zitiert nach: TERNER 1979, S. 83, Anm. 3.

[38] Vgl. Anm. 27.

[39] Der Typus geht auf die Offenbarung des Johannes, das letzte Buch der Bibel, zurück, in dem das so genannte apokalyptische Weib beschrieben wird (Offenbarung, Kapitel 12, Vers 1). Erste Darstellungen mit eindeutigem Bezug auf Maria finden sich seit dem frühen 14. Jahrhundert; im 15. Jahrhundert sind Mondsichelmadonnen sogar sehr häufig.

[40] PÄCHT 1989, S. 81.

[41] Bibel: Lukas-Evangelium, Kapitel 1, Vers 28: „Der Engel trat bei ihr ein und sagte: Sei gegrüßt, du Begnadete [*Ave Maria gratia plena*], der Herr ist mit dir."

[42] Bibel: 1. Buch der Könige, Kapitel 10, Vers 18–20: Der Thron war aus Elfenbein und mit Gold überzogen. „Sechs Stufen führten zum Thron hinauf. An seiner Rückseite war der Kopf eines Jungstiers und zu beiden Seiten des Sitzes befanden sich Armlehnen. Zwei Löwen standen neben den Lehnen und zwölf zu beiden Seiten der sechs Stufen. [...]"

[43] Die früheste Darstellung findet sich auf der berühmten Holztür in der frühchristlichen Kirche S. Sabina in Rom (420/430 n. Chr.).

[44] BORCHERT 2008, S. 59.

[45] Bibel: 1. Brief an die Korinther, Kapitel 13, Vers 12. – Die Spiegelmetapher ist gerade in der Malerei der Frühen Niederländer ein außerordentlich beliebtes Motiv, das in der Forschung zu umfangreichen Debatten geführt hat.

[46] Bibel: Offenbarung, Kapitel 20, Vers 12: „Ich sah die Toten vor dem Thron [Gottes] stehen, die Großen und die Kleinen. Und Bücher wurden aufgeschlagen; auch das Buch des Lebens wurde aufgeschlagen. Die Toten wurden nach ihren Werken gerichtet, nach dem, was in den Büchern aufgeschrieben war."

[47] Vgl. Band 1 der Reihe „**ein**blicke – Kunstgeschichte in Einzelwerken": Christof L. DIEDRICHS, Die Königshalle in Lorsch. Wiedergeburt der Antike im frühen Mittelalter, Freiburg im Breisgau/ Norderstedt 2015, S. 7–11.

[48] Der vollständige Wortlaut der Inschrift findet sich in Anmerkung 37. – Die Inschrift wurde nach dem Tod Jan van Eycks 1441 in einem nicht wesentlichen Detail verändert.

[49] BORCHERT 2005, S. 28.

[50] Die historischen Daten überwiegend nach BORCHERT 2005, S. 27f.

[51] Vgl. z.B.: Hans Memling, Ursulaschrein, 1489; Brügge, Memlingmuseum. Dieser Schrein ist nicht mehr aus Gold bzw. vergoldetem Silber (über einem Holzkern) gefertigt, wie es bis dahin für Reliquienschreine üblich gewesen war, sondern be-

steht aus mit Blattgold bemaltem Holz in Kombination mit Bildern von Hans Memling an seinen Wänden. Vom Anspruch her steht dieser bemalte Holzschrein der Kostbarkeit eines goldenen oder silbernen Schreins in Nichts nach.

52 In einer ausführlicheren Untersuchung hätten wir auf der Stufe 3 unserer Analyse (ikonographische Tradition) Bilder mit den Darstellungen von Stiftern in unsere Vergleiche einbezogen. Sie hätten gezeigt, dass noch im weiteren Verlauf des 15. Jahrhunderts Stifter gewöhnlich nicht in einer solchen Nähe zu den Heiligen gezeigt wurden, wie es bei der *Paele-Madonna* der Fall ist, sondern am Bildrand, wenn möglich sogar in einem anderen Bildraum als dem, in dem sich die Heiligen befinden.

53 Selbst wenn ihr im Fall der *Paele-Madonna* eine prachtvolle Krone fehlt, wie sie sie beispielsweise auf den Tafeln der Deesis-Gruppe am Genter Altar (vollendet 1432; Gent, St. Bavo), auf der *Madonna des Nicolas Rolin* (um 1435; Paris, Louvre) oder auf der Darstellung der *Madonna in der Kirche* (um 1438; Berlin, Gemäldegalerie) auszeichnet.

54 Ikonographischer Typus, bei dem Papst Gregor der Große († 604) bei der Zelebration einer Heiligen Messe gezeigt wird, während ihm über oder auf dem Altar Christus als Schmerzensmann erscheint; Darstellungen sind etwa seit der Zeit um 1400 bekannt; A. THOMAS, Artikel Gregoriusmesse, in: Engelbert Kirchbaum (Hg), Lexikon der christlichen Ikonographie, Band 2, Freiburg im Breisgau 1970, Spalte 199–202.

55 Bibel: 1. Brief an die Korinther, Kapitel 13, Vers 12; vgl. oben, S. 64.

56 BELTING 1994, S. 114.

57 BELTING 1994, S. 7.

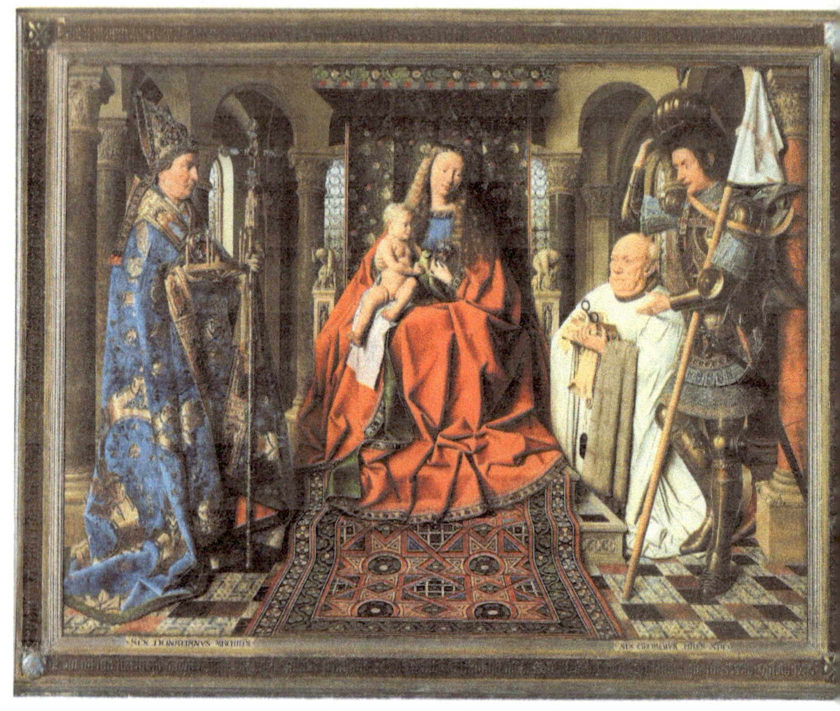

Abb. 2: Jan van Eyck,
Madonna des Kanonikus Georg van der Paele,
1434–1436;
Brügge, Groeningemuseum

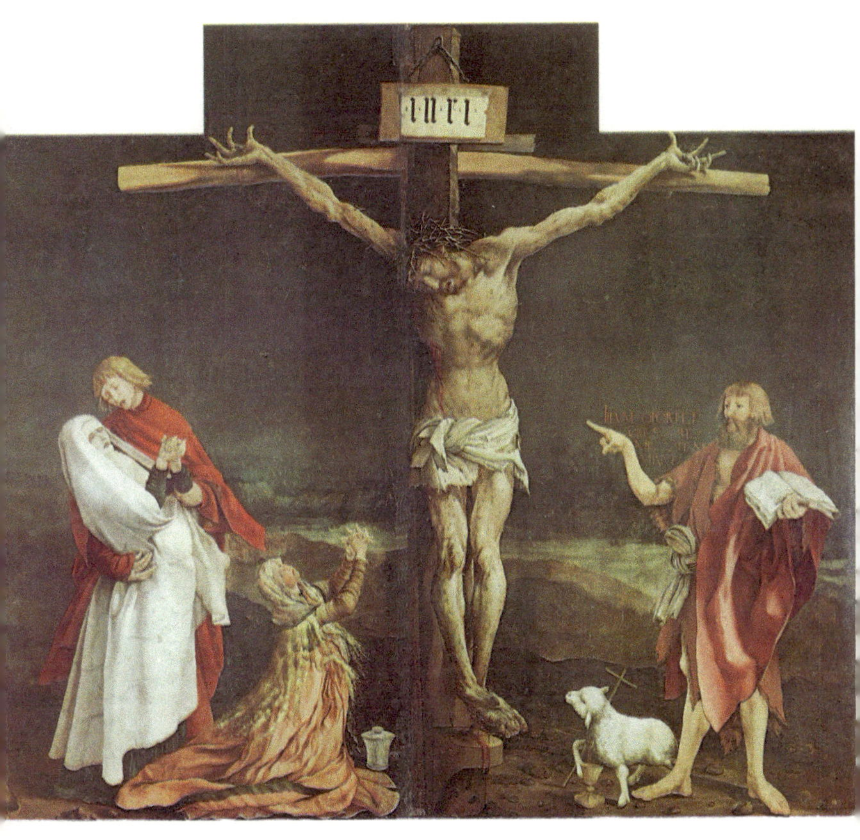

Abb. 3: Mathis Gothard Nithard, genannt Grünewald,
Kreuzigung Christi, Isenheimer Altar (geschlossener Zustand),
1512–1516;
Colmar, Unterlindenmuseum

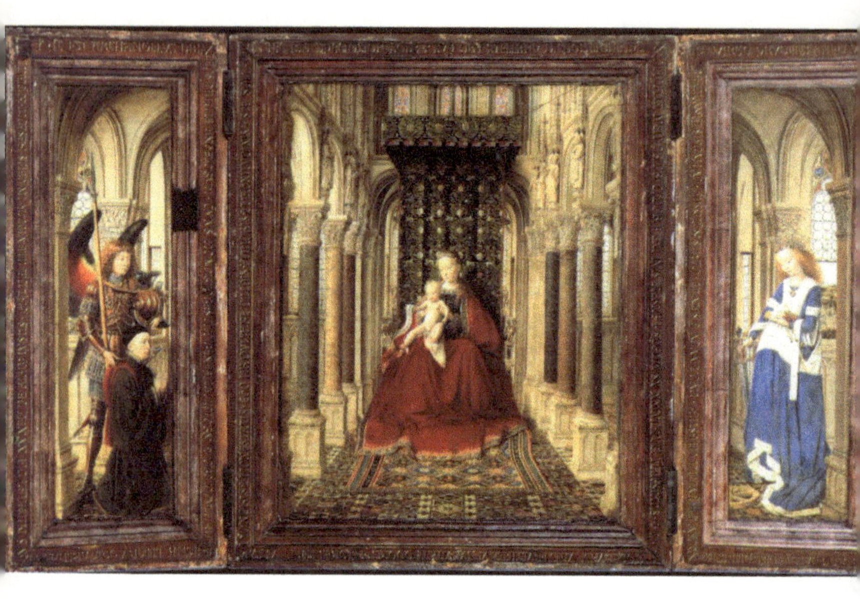

Abb. 4: Jan van Eyck, Marientriptychon bzw.
Dresdner Altärchen,
1437;
Dresden, Gemäldegalerie Alter Meister

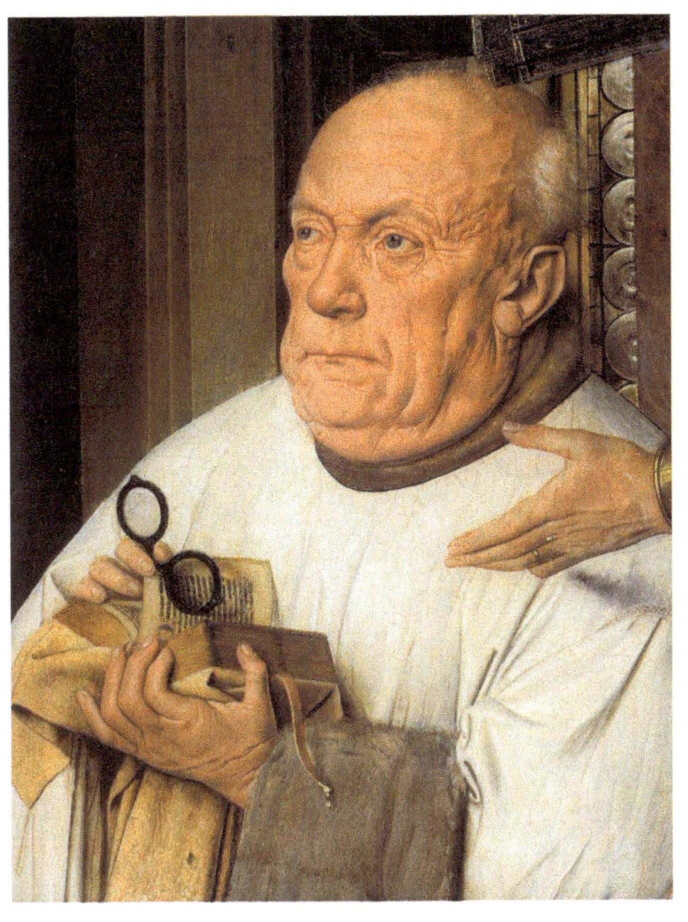

Abb. 5: Jan van Eyck,
Madonna des Kanonikus Georg van der Paele (Detail),
1434–1436;
Brügge, Groeningemuseum

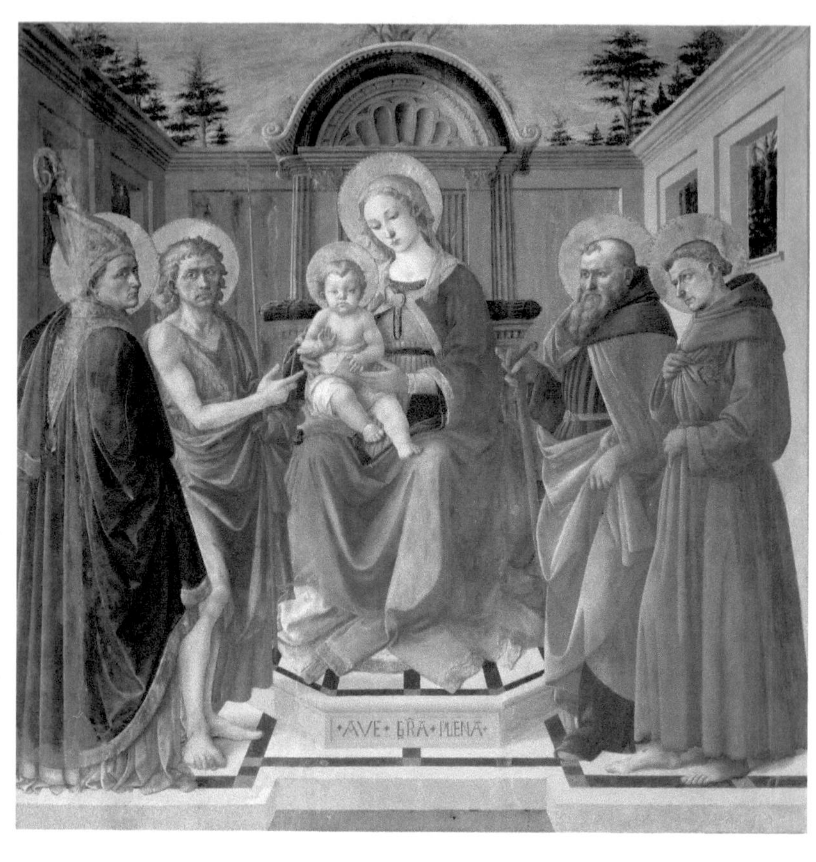

Abb. 6: Francesco Pesellino, Sacra Conversazione, um 1455;
Paris, Louvre

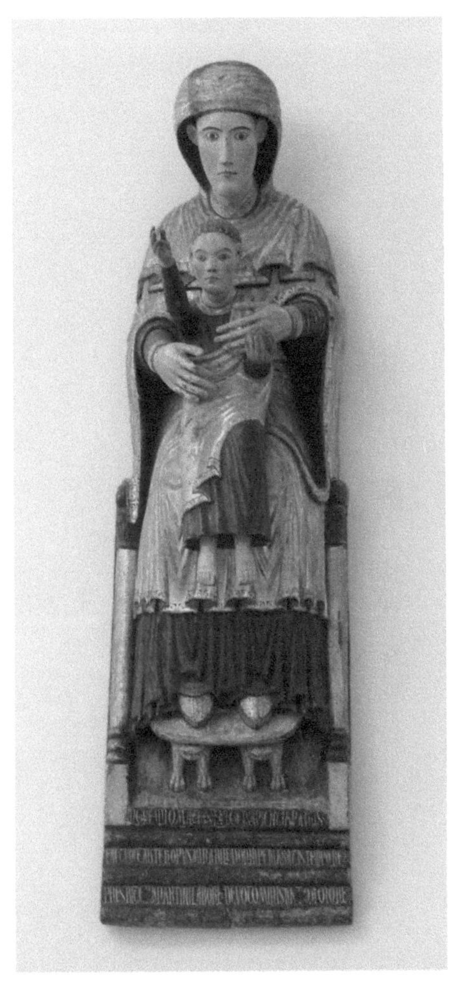

Abb. 7: Madonna des Presbyters Martinus, Mittelitalien, 1199;
Berlin, Bode-Museum, Skulpturensammlung

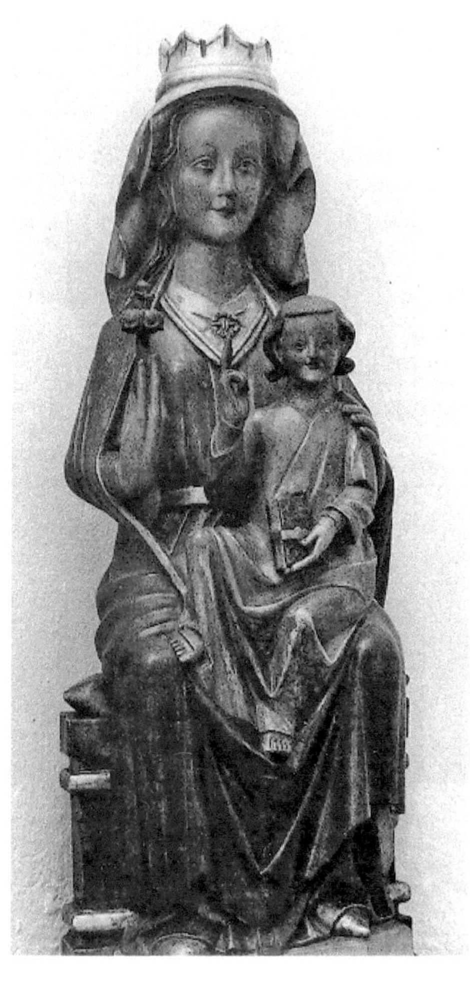

Abb. 8: Maria als Sedes sapientiae, Anfang 13. Jahrhundert;
Meschede, Benediktinerabtei Königsmünster

# ABBILDUNGSNACHWEIS

# LITERATUR (SEIT 1989)

Maryan W. AINSWORTH, Revelations about Jan van Eyck's Virgin and Child with Saints Donatian and George and Canon van der Paele, in: Hélène Verougstraete/ Roger Van Schouten (Hgg), Le dessin sous-javent dans la peinture. Colleque XIV, Leuven 2003, S. 273–285.

Hans BELTING, Spiegel der Welt. Die Erfindung des Gemäldes in den Niederlanden, München 1994.

Hans BELTING/ Christiane KRUSE, Die Erfindung des Gemäldes. Das erste Jahrhundert der niederländischen Malerei, München 1994.

Till-Holger Borchert (Hg), The Age of Van Eyck. The Mediterranean World and Early Netherlandish Painting 1430–1530, Brügge/ Gent/ Amsterdam 2002, S. 78–93.

Till-Holger BORCHERT, Das Œuvre des Jan van Eyck und die Fragen der Forschung, in: Thomas Ketelsen/ Uta Neidhardt (Hgg), Das Geheimnis des Jan van Eyck. Die frühen niederländischen Zeichnungen und Gemälde in Dresden (Ausstellungskatalog), München/ Berlin 2005, S. 26–29.

Till Holger BORCHERT, Jan van Eyck, Köln 2008.

Till-Holger BORCHERT, Jan van Eyck, The Virgin and Child with Canon Joris van der Paele, in: Ders. (Hg), Van Eyck to Dürer. Early Netherlandish Painting and Central Europe 1430–1530 (Ausstellungskatalog), Brügge 2010, S. 146f.

Douglas BRINE, Piety and Purgatory. Wall-mounted memorials from the southern Netherlands c. 1380–1520, London 2006, S. 210–252.

Claus GRIMM, Meister oder Schüler? Berühmte Werke auf dem Prüfstand, Stuttgart 2002, S. 78. 95f.

Stephen HANLEY, Optical Symbolism as Optical Description. A Case Study of Canon Van der Paele's Spectacles, in: Journal of the Historians of Netherlandish Art 1, 2009.

Craig HARBISON, Jan van Eyck. The play of realism, London 1991, S. 48–63.

Denis Michael HITCHCOCK, The Iconography of the Van der Paele Madonna by Jan van Eyck, Princeton 1976.

Megan HUGHES, Facing the Fifteenth Century. The Portraits of Jan van Eyck, Ann Arbor 2004, S. 152–163.

Margaret L. KOSTER, Florentiner Perspektiven. Italien und die Niederlande, in: Till-Holger Borchert (Hg), The Age of Van Eyck. The Mediterranean World and Early Netherlandish Painting 1430–1530, Brügge/ Gent/ Amsterdam 2002, S. 78–93, hier S. 78–80.

Barbara G. LANE, The case of Canon van der Paele, in: Source. Notes in the History of Art 9, 1990, S. 1–6.

Didier MARTENS, Présence de la Madone au chanoine Van der Paele dans l'art belge des XIXᵉ et XXᵉ siècle, Bd. 1. Joseph Ducq et son Antonello de Messine introduit dans l'atelier de Jean van Eyck, in: Annales d'histoire de l'art et d'archéologie 28, 2006, S. 41–55.

Susan MARTI/ Gabriele KECK/ Till-Holger BORCHERT, Charles the Bold (1433–1477) (Ausstellungskatalog), Brüssel 2008, Nr. 68.

Lisa MONNAS, Silk Textiles in the paintings of Jan van Eyck, in: Susan Foister (Hg), Investigating Jan van Eyck, Turnhout 2000, S. 147–162, S. 150f.

Lisa MONNAS, Merchants, princes and painters. Silk fabrics in Italian and Northern paintings 1300–1550, New Haven 2008, S. 121–124.

Paula NUTTALL, Memling und das europäische Portrait der Renaissance, in: Till-Holger Borchert (Hg), Memlings Portraits, Gent 2005, S. 69–91, hier S. 23–26.

Otto PÄCHT, Van Eyck. Die Begründer der altniederländischen Malerei. Hg. von Maria Schmidt-Dengler, München 1989.

Yves PAUWELS, Les paradoxes du réalisme dans l'œuvre de Jan van Eyck, in: Gazette des Beaux-Arts 126, 1995, S. 201–210.

Rudolf PREIMESBERGER, Zu Jan van Eycks Diptychon der Sammlung Thyssen-Bornemisza, in: Zeitschrift für Kunstgeschichte 60, 1991, S. 459–489.

Bret L. ROTHSTEIN, Vision and devotion in Jan van Eyck's Virgin and Child with Canon Joris van der Paele, in: Word & Image 15, 1999, S. 262–276.

Rudolf TERNER, Bemerkungen zur ‚Madonna des Kanonikus van der Paele', in: Zeitschrift für Kunstgeschichte 42, 1979, S. 83–91.

Hugo Tjeerd VAN DER VELDEN, The donor's image. Gerard Loyet and the votive portraits of Charles the Bold, Turnhout 2000, S. 83–87 und 278–281.

Hélène VEROUGSTRAETE-MARCQ/ Roger VAN SCHOUTE, Cadres et supports dans la peinture aux 15$^e$ et 16$^e$ siècle, Oupeye 1989, S. 174–176.

Hélène VEROUGSTRAETE / Roger VAN SCHOUTE/ Till-Holger BORCHERT (Hgg), Fake or not fake. Het verhaal van de Claamse Primitieven, Gent 2004, S. 130–138.

John L. WARD, Disguised symbolism as inactive symbolism in Van Eyck's Paintings, in: Artibus et Historiae 15, 1994, S. 9–53.

Winfried WILHELMY, Der altniederländische Realismus und seine Funktionen. Studien zur kirchlichen Bildpropaganda des 15. Jahrhunderts, Münster 1993, S. 94f.

# GLOSSAR
## ERKLÄRUNG VON FACHBEGRIFFEN

Das Zeichen ↻ verweist auf einen eigenen Eintrag in diesem Glossar.

Auftraggeber: Kunst vor dem Beginn der ↻ Moderne zeichnet sich unter anderem dadurch aus, dass sie *auf Bestellung* hergestellt wird. Der Auftraggeber macht dabei mehr oder weniger konkrete Angaben über Material, Größe und Thema (↻ Bildvorwurf) des Kunstwerks, an die sich der ausführende Künstler gewöhnlich halten musste, wenn er bezahlt werden wollte.

Bildvorwurf: Motiv bzw. Thema eines Bilds, z.B. „Madonna mit Heiligen und Auftraggeber" oder „Kreuzigung Christi".

Chorhaupt: Das Ende des Chorraums, an dem die Längswände meist ein Halbrund (Apsis) oder Polygon bilden; auch Chorschluss oder Chorabschluss genannt.

Chormantel: Liturgisches Gewand des römischen wie des anglikanischen Ritus; halbkreisförmiger Umhang, der vor der Brust durch die so genannte ↻ Chormantelschließe geschlossen wird.

Chormantelschließe: Verschluss des ↻ Chormantels vor der Brust des Priesters; sie wird v.a. im Mittelalter für zum Teil aufwändige Schmuckdarstellungen genutzt.

Deixis (griechisch, Adjektiv: deiktisch): ursprünglich sprachwissenschaftlicher Fachbegriff, inzwischen auch in anderen Geisteswissenschaften üblich; Bedeutung: zeigend, hinweisend.

Empirie: Wissenschaft von der Erfahrung; der Empirismus lässt allein die Erfahrung als Erkenntnisquelle gelten;

empirisch gewonnene Erkenntnisse sind beobachtete,
nicht angelesene oder bezeugte Erkenntnisse.

Epitaph: Tafel oder Bildwerk zum Gedächtnis an einen Verstorbenen, der jedoch *nicht an dieser Stelle bestattet* ist (in
diesem Fall würde es sich um ein Grabmal handeln).

Haptik (Adjektiv: haptisch): Lehre vom Tastsinn; haptisch =
fühlbar, tastbar; unter haptischer Wahrnehmung versteht man diejenige Wahrnehmung, die über das Tasten
geschieht.

Ikonographie: Wissenschaft von den Bildmotiven und (vor
allem) Bildinhalten, die religiös, mythologisch, symbo-
lisch oder allegorisch sein können.

Isokephalie (griechisch): gleiche Kopfhöhe der Darstellungen
aufgereihter Figuren.

Korporale: Ein in der römisch-katholischen Liturgie verwende-
tes weißes Leinentuch, das während der Wandlung der
eucharistischen Gaben Brot und Wein in den Leib und
das Blut Christi auf dem Altar unter den Gefäßen
(Kelch und ✠ Patene bzw. Hostienschale) liegt. Es ist
meist quadratisch und wird so gefaltet, dass sich aufgeschlagen neun quadratische Felder ergeben.

Lasuren (Adjektiv: lasierend): Durchsichtige Farben; Kennzeichen der Ölmalerei (im Gegensatz zu deckenden Farben
wie z.B. bei der Temperamalerei). Das Lasieren ist das
Übermalen einer Farbschicht durch eine oder mehrere
andere, welche die untere (dunklere) Farbschicht durch
die darüber liegenden (helleren) hindurchschimmern
lassen. – Der Gegensatz zu lasierendem ist der pastose
Farbauftrag.

Manipel: Teil des liturgischen Gewands des römisch-katholischen Subdiakons bzw. Priesters (seit dem Zweiten
Vatikanischen Konzil nicht mehr üblich); schmaler
Streifen, der über den linken Unterarm gelegt wird; gewöhnlich in der gleichen liturgischen Farbe wie das

Messgewand. Das Manipel, das sich historisch aus einem Schweiß-, Hand- oder Mundtuch entwickelte, war etwa seit dem 11. Jahrhundert die Amtsinsignie des Subdiakons (Weihestufe vor dem Diakon).

Mimesis (griechisch; Adjektiv: mimetisch): Nachahmung; in der Kunst die bildnerische Nachahmung der äußerlich wahrnehmbaren Wirklichkeit („Natur") in möglichst wirklichkeitsgetreuer, illusionistischer Weise.

Moderne: Der Beginn der ‚Moderne' in der Geschichte der Kunst wird unter kunsthistorischen Fachleuten allgemein in der Zeit um 1800 angesetzt, ihr Endpunkt etwa im ersten Drittel des 20. Jahrhunderts. Ihren Ausgang markieren historische, wirtschaftliche und gesellschaftliche Veränderungen wie die Französische Revolution, die beginnende Industrialisierung und die damit einhergehende Entwicklung der Großstadt, die die Entstehung eines Kunstbetriebs mit all den Mechanismen eines freien Markts zur Folge hatten. Im Zuge dessen verändern sich die Bedingungen für die Entstehung von Kunst so grundlegend, dass hier eine entscheidende Epochenschwelle innerhalb der Geschichte der Kunst anzusetzen ist. Sie ist so gravierend, dass die Kunst *vor* dieser Schwelle eine andere Analysemethode erfordert als die Kunst, die *nach* ihr entstanden ist. – Die auf die Moderne folgende Epoche ist die Postmoderne, die irgendwann in oder seit den 1980er Jahren zu Ende gegangen ist.

Nimbus (plural: Nimben): Heiligenschrein; Darstellung eines Lichtscheins oder einer Lichtscheibe um den Kopf eines Heiligen. Eine Variation des einfachen Nimbus ist der Kreuznimbus (Heiligenschrein mit integriertem Kreuz), der allein Christus vorbehalten ist.

Patene: Goldener, silberner oder aus Glas oder Halbedelstein hergestellter Teller für die Hostie des Priesters während der Eucharistiefeier.

Perspektive: Technik, um auf der zweidimensionalen Bildfläche die Illusion von Dreidimensionalität zu erzeugen. Es gibt verschiedene Arten der Perspektive, darunter ↳ Zentralperspektive, Luftperspektive, Farbperspektive.

Pilaster: Flacher Wandpfeiler; im Unterschied zur Säule oder Halbsäule ist der Pilaster eckig, im Unterschied zur Lisene hat er eine ausgearbeitete Basis (Fuß bzw. Sockelring) und ein Kapitell.

Plinthe: Standplatte unter der Basis einer Säule.

Pluviale ↳ Chormantel

Sanctuarium: Chor bzw. Chorhaupt (Abschluss des Chorraums) einer Kirche, meist umgeben von halbkreisförmig angeordneten Säulen, dem so genannten Chorumgang und Kapellen. Dem Sanctuarium kommt von allen Raumteilen einer Kirche der höchste Rang zu.

Typologie: Aus der mittelalterlichen, theologischen Tradition stammende Vorstellung, dass bestimmte Ereignisse des Alten Testaments Vorausdeutungen auf solche des Neuen Testaments seien, „in denen sich das Urereignis inhaltlich vollendet und erfüllt."[1]

Verismus: Dem Duden zufolge meint der Begriff eine „krass wirklichkeitsgetreue künstlerische Darstellung".[2]

Zentralperspektive: auf den Florentiner Baumeister und Bildhauer Filippo Brunelleschi (1377–1446) zurückgehende Technik der Erzeugung von Raumwirkung durch die Verwendung von Fluchtpunkten und Fluchtlinien: alle Linien im Bild, die in der dargestellten Wirklichkeit *in den Raum hinein* führen, laufen auf einen zentralen

---

[1]  Hannelore Sachs/ Ernst Badstübner/ Helga Neumann, Wörterbuch der christlichen Ikonographie, Regensburg [10]2012, S. 355.
[2]  Dudenredaktion (Hg), Duden. Die deutsche Rechtschreibung, Mannheim u.a. [24]2006, S. 1071.

Fluchtpunkt zu; bei Verwendung eines dezentralen oder von mehreren Fluchtpunkten spricht man allgemeiner von Fluchtpunktperspektive.

## DANK

Mein herzlicher Dank gilt auch an dieser Stelle den ehemaligen Studierenden und den Freunden der Victor-Klemperer-Akademie, Freiburg, für die das Manuskript ursprünglich entstanden ist. Diesmal haben sich Ute Buck, Romy Herzog, Christel Kuhn, Renate Michael und Dr. Hans Georg Wehrens als Vorableser/innen und Kritiker zur Verfügung gestellt und dadurch aktiv zur Lesbarkeit und Verständlichkeit des Büchleins beigetragen.

Herrn Dr. Stefan Krause, Kurator der Hofjagd- und Rüstkammer des Kunsthistorischen Museums Wien, möchte ich an dieser Stelle für seine bereitwillige Hilfe bei der Beschreibung der Rüstung des Hl. Georg auf der *Paele-Madonna*-Tafel danken.

Für freundliches Entgegenkommen und Hilfe im Zusammenhang der Abdruckgenehmigung einer Fotografie der nordspanischen Marienstatue in der Benediktinerabtei-Kirche Königsmünster, Meschede, danke ich ganz herzlich Abt Aloysius Althaus OSB und P. Werner Vullhorst OSB.

Und schließlich danke ich wie immer den Graphikern Andree Kröger und René Deuster, die das Cover des Bändchens gestaltet haben.

## DIE REIHE „einblicke — KUNSTGESCHICHTE IN EINZELWERKEN"

Während der Arbeit mit kunstinteressierten Menschen stellt sich immer wieder heraus, wie groß das Bedürfnis nach Unterstützung bei der Betrachtung und Deutung von Kunstwerken ist. Wer nicht im Bereich unbewiesener Vermutungen und willkürlicher, freier Assoziation verbleiben will, fühlt sich auf sachkundige Anleitung angewiesen.

Leider ist eine solche nicht leicht zu erlangen, jedenfalls nicht auf einem gewissen Niveau, das sich vor allem durch die Absicherung in der aktuellen Forschungsliteratur auszeichnet. Allzu verbreitet ist die Vorstellung, Ergebnisse kunsthistorischer Forschung seien zeitlos gültig und bedürften niemals der Modifizierung oder gar der Korrektur.

Indessen ist dies ein Irrtum. Auch die kunsthistorische Forschung schreitet fort. Ältere, als sicher geltende Untersuchungsergebnisse werden nach einer gewissen Zeit revidiert, neue Sichtweisen setzen sich durch, frühere Deutungen und Einordnungen müssen zum Teil vollständig fallengelassen werden. Es gibt zahlreiche Beispiele dafür, dass sich als sicher geglaubte Forschungsergebnisse nach einiger Zeit als falsch erwiesen haben.

Die Reihe „**ein**blicke – Kunstgeschichte in Einzelwerken" hat sich vor diesem Hintergrund zwei Ziele gesetzt:
1. Sie möchte interessierte Laien mit einer Methodik vertraut machen, die diese mit ein wenig Übung in die Lage versetzen soll, eigenständig und dennoch kompetent zu verlässlichen Ergebnissen einer aktiven Betrachtung von Kunstwerken zu gelangen.

2. Außerdem wirkt die Reihe konsequent daran mit, aktuelle Ergebnisse kunsthistorischer Forschung bekannt zu machen und der eigenen Kunstbetrachtung interessierter Laien auf diese Weise eine vertrauenswürdige Grundlage zu geben.


Die Reihe „**ein**blicke", deren Westentaschenformat nicht zuletzt zur Lektüre vor dem Original-Kunstwerk anregen möchte, stellt in bunter Folge jeweils ein bestimmtes Werk aus der Geschichte der abendländischen Kunst vor, das Schritt für Schritt betrachtet und gedeutet wird. Damit möchte sie zu eigener Kunstbetrachtung auch anderer Werke anregen.

Nach dem Erscheinen der ersten drei Bände der Reihe über die Königshalle in Lorsch, Gauguins Südseebilder und Jan van Eycks *Madonna des Kanonikus Georg van der Paele* sind folgende weiteren Bände geplant:

Band 4:   Franz Marc, Tiger
Band 5:   Mathis Gothart Nithart, gen. Grünewald, Die Kreuzigungstafel am Isenheimer Altar
Band 6:   William Turner, Schatten und Dunkelheit – Der Abend vor der Sintflut


*Wenn Ihnen ein Kunstwerk oder ein Künstler besonders am Herzen liegt, für das Sie sich eine intensive Betrachtung im Sinne der Reihe „**ein**blicke" wünschen, so lassen Sie es uns wissen! Wir nehmen diese Hinweise gern auf – und vielleicht wird schon in einem der nächsten Bände Ihr Wunsch in Erfüllung gehen!*

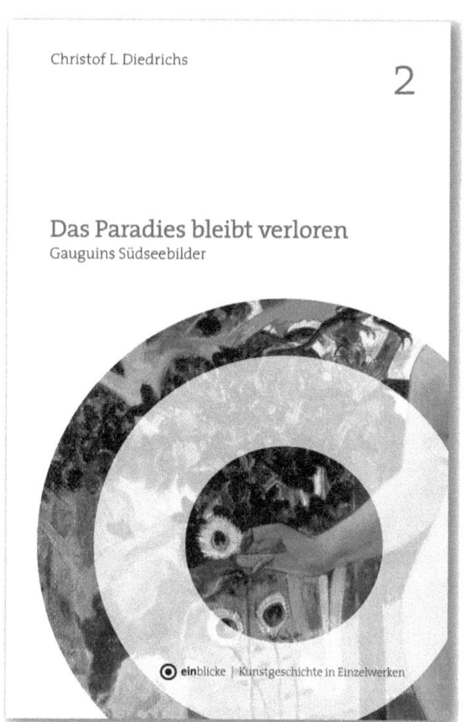


Christof L. Diedrichs
**Das Paradies bleibt verloren**
**Gauguins Südseebilder**

ISBN: 978-3-7392-2000-0
112 Seiten
15 Abbildungen, davon 11 farbig
Preis: € 11,99